Cuatro dramas alegóricos
de Sor Marcela de San Félix

Juan de la Cuesta
Hispanic Monographs

Series: *Ediciones críticas*. Nº 30

FOUNDING EDITOR
Tom Lathrop
University of Delaware

EDITOR
Alexander R. Selimov
University of Delaware

EDITORIAL BOARD
Samuel G. Armistead
University of California, Davis

Annette G. Cash
Georgia State University

Alan Deyermond
Queen Mary and Westfield College of the University of London

Daniel Eisenberg
Excelsior College

John E. Keller
University of Kentucky

Steven D. Kirby
Eastern Michigan University

Joel Rini
University of Virginia

Donna M. Rogers
Middlebury College

Russell P. Sebold
University of Pennsylvania, Emeritus
Corresponding Member, Real Academia Española

Noël Valis
Yale University

Amy Williamsen
University of Arizona

Los coloquios del Alma: Cuatro dramas alegóricos de Sor Marcela de San Félix, hija de Lope de Vega

Edición y notas de
Susan M. Smith y Georgina Sabat de Rivers

Introducción de
Susan M. Smith

Juan de la Cuesta
Newark, Delaware

PQ
6412
.M615
A6
2006

Copyright © 2006 by Juan de la Cuesta—Hispanic Monographs
270 Indian Road
Newark, Delaware 19711
(302) 453-8695
Fax: (302) 453-8601
www.JuandelaCuesta.com

MANUFACTURED IN THE UNITED STATES OF AMERICA

ISBN: 1-58871-101-3

Índice

PREFACIO DE GEORGINA SABAT DE RIVERS 9

Introducción
    Breve biografía de sor Marcela 15
    La orden Trinitaria y las
        Trinitarias Descalzas de Madrid 17
    El drama alegórico 18
    La obra de sor Marcela 19

Orientación para el estudiante
    Los cuatro coloquios como serie—
        la educación de una monja 21
    Los personajes—vicios y virtudes 23
    Los temas—religiosos, conventuales, personales 24
    Las tramas—resumen de lo principal de cada obra 31
    Nota lingüística para el estudiante 34

Criterios de esta edición 35

Coloquios espirituales 37
    "Muerte del apetito" 37
    "Estimación de la religión" 99
    "De virtudes" 153
    "Celo indiscreto" 183

BIBLIOGRAFÍA SELECTA 227

Agradecimientos

Este tomo de *Los coloquios del Ama* ha sido realizado con la generosa y amable ayuda de varias personas a quienes ofrezco mi profundo agradecimiento: a Alison P. Weber, quien me introdujo por primera vez a la obra de Sor Marcela y sigue siendo una profesora y amiga valiosa; a Georgina Sabat de Rivers y Electa Arenal por su dedicación en sacar de los conventos los dramas incluidos en este volumen; y a las Trinitarias Descalzas de Madrid, estimadas amigas que con muy buena voluntad me facilitaron el acceso a los manuscritos de su archivo y con quienes he pasado tiempo, hace seis años ya, en coloquios amenos sobre su hermana, Marcela.

También les doy las gracias a mis colegas, Iván Iglesias y Germán Salinas por su cuidadosa lectura, buenos consejos y sugerencias. Le agradezco a Kim Webber por su talento en la ardua tarea de pasar todo el manuscrito a computadora y por su paciencia por tantos detalles necesarios. Finalmente, expreso mi agradecimiento a Hampden-Sydney College por las becas que me fueron otorgadas, las cuales me dieron el apoyo económico necesario para llevar a cabo este proyecto.

De la misma manera como Sor Marcela y sus hermanas suelen dedicar toda su devoción a gloria y honra de la Santísima Trinidad, así dedico este libro.

SUSAN M. SMITH

Prefacio

HACE YA TIEMPO QUE los historiadores de la literatura se interesan por las ignoradas obras escritas por mujeres. En el mundo hispánico la búsqueda de tales textos empezó seriamente con la publicación hace un siglo de los *Apuntes para una biblioteca de escritoras españolas* (1903-1905); el autor fue Manuel Serrano y Sanz, catedrático de historia en la universidad de Zaragoza. Más recientemente nos hemos dado cuenta de que muchos escritos inéditos de mujeres se encuentran en los archivos conventuales, como por ejemplo las aportaciones de *Untold Sisters*, libro publicado en 1988 por Electa Arenal y Stacey Schlau. Las obras de Sor Marcela de San Félix se conservan en un manuscrito que, desde el siglo XVII, ha llegado a nosotros; la autora fue una monja trinitaria que, a pesar de ser hija de Lope de Vega, no se había editado por completo hasta finales del siglo XX. La editora del libro que ahora se presenta, Susan M. Smith, se ha unido al grupo de admiradoras de Sor Marcela de San Félix, atraída por la gracia que la monja supo impartir lo mismo a asuntos bíblicos que a los acontecimientos de la vida cotidiana.

En su *Introducción* nos informa sobre los hechos básicos de la vida de esta mujer, la única hija escritora del *Monstruo de la Naturaleza*. Repasémoslos una vez más. Fue hija ilegítima de Lope de Vega, y de la actriz de teatro Micaela de Luján (casada legalmente con un actor); nació en Toledo en 1605, el mismo lugar de nacimiento de su hermano Lope Félix, Lopito, dos años menor que ella. En su bautizo actuó de padrino el amigo de Lope y conocido dramaturgo José de Valdivielso. Marcela, pero no Lopito, fue inscrita como de *padres desconocidos*.

Años después, a la muerte de Juana de Guardo (1613), la segunda esposa de Lope, fue trasladada junto con su hermano a la casa de Lope en Madrid. La experiencia de promiscuidad que tuvo en esa casa, en la que vivía con otros hijos de Lope—Feliciana, hija de Juana, y los que tuvo luego con su nuevo amor Marta de Nevares: Antonia Clara y Carlos

Félix, a quienes también había llevado Lope a vivir allí—le produjo a la niña, al parecer, desazón y malestar espiritual. Y no era para menos. En la casa, Marcela debió de ser también testigo de los arrepentimientos y excesos, de las angustias de la doble vida de su padre debatiéndose entre sentimientos contrarios, ya ordenado sacerdote; del intento de rapto de la pequeña Antonia Clara por parte del marido burlado de la Nevares, y de la ceguera inexplicable que le sobrevino a Marta poco después. Así pues, Marcela, a los 15 años, tomó la decisión, que comunicó a su padre, de entrar de monja. Al año siguiente traspasó para siempre las puertas de la clausura del convento de las monjas trinitarias de la misma ciudad, cerca de la casa de su padre, tomando el hábito el 28 de febrero de 1621 y un año después, el 5 de marzo, haciendo la profesión. En lo sucesivo, en su mundo de clausura, lo que podría ver de Madrid se limitaba a lo que le fuera posible captar desde las ventanas más altas del monasterio.

Llevaba consigo la afición por las letras y los ejemplos cercanos de su padre y su padrino de los que había aprendido al vuelo las reglas de la composición y de la poesía. Marcela, aparte del desorden moral que la había rodeado aprendió las reglas literarias de su famoso siglo cuando su padrino y otros amigos de Lope lo visitaban: recordemos que el barrio en el que estaba situada la casa era entonces de vecinos pintores, escritores, directores de teatro y artistas y, en fin, de gente grande y pequeña que vivían no tanto pacíficamente como en competencia por procurarse un modo de vida más o menos seguro.

Marcela, reconocida tarde, es alto ejemplo de mujer escritora conventual. Santa Teresa podrá aventajarla en otras cosas pero no como poeta y autora de obras teatrales. En el convento, Marcela encontró paz y sosiego entre sus hermanas de religión, quienes la eligieron repetidas veces para varios oficios, siendo el más alto el de priora aunque no desdeñó el más bajo de gallinera que se impondría a sí misma. Encontró también respeto y admiración por su saber—conocía su buen poco de latín—y hablaba y escribía correctamente el español, lo cual nos la presenta ventajosamente ante las compañeras de su tiempo; llegó a tener fama de sabia consejera, y lo fue de su propio padre entre otros. De esta manera, aunque su padre no le prestó mucha atención mientras vivió en su casa, al final de su vida quería visitarla a diario y recibir sus consejos.

En fin, en el convento encontró muchas obligaciones, pero también la motivación para desarrollar sus cualidades de escritora que utilizaba para la instrucción de sus hermanas monjas. Si el hábito de por sí le proporcionaba un carácter que infundía respeto, añadamos todo aquello que ella consiguió por sí misma: dejó de ser en el *mundo la desvalida que no merecía me mirasen a la cara*, como dijo alguna vez, y dejó de echar de menos *el poco amor que le tenían sus padres*. Su nueva dignidad le daba el necesario aplomo, y su comunidad era el mundo que la apoyaba y cooperaba con ella. Sor Marcela, acicateada por su vocación y por guardar la dignidad femenina, procuraba para sí el tiempo necesario para escribir, desarrollando su prurito didáctico al mismo tiempo que se daba gusto a sí misma al seguir la fórmula de Horacio del enseñar deleitando.

Veamos ahora algunos aspectos de su obra presentada aquí; digamos qué provecho se saca de la lectura de la obra de sor Marcela. Con ella, nos adentramos en el mundo que vivió Marcela, el de su convento, conocemos las interrelaciones que mantenían ella y sus compañeras entre sí, las que mantenían con el mundo exterior, la lengua utilizada, sus modos de hablar, de orar. Todo ello conformaba la vida de una monja de la capital: el micromundo de Marcela era reflejo de un aspecto importante de la sociedad en la que vivía, el Siglo de Oro de la literatura española. El manuscrito único ya mencionado de sor Marcela (se dice que quemó otros cuatro cuadernos por modestia) se encuentra en la biblioteca del Monasterio de las monjas Trinitarias de Madrid. Consta de las siguientes obras: seis coloquios espirituales alegóricos, ocho loas, cinco romances en esdrújulos y veintidós romances de ocho y siete sílabas. Hay, asimismo, dos ejemplos de seguidillas y un ejemplo de composiciones en cada uno de los siguientes metros: lira, endecha y villancico.

El vocabulario que utiliza Marcela, particularmente en los coloquios y en las loas, nos transmite una religiosidad devota por medio de un habla que remite a las conversaciones diarias del Madrid que vivió la monja, de su trato con los humildes personajes de extramuros que se ocupaban de proveer los escasos alimentos conventuales pero también de personajes más altos como los médicos y confesores. En sus ideas sobre el arte intervienen conceptos platónicos y cristianos que lo entienden, al arte, como de inspiración divina: es la voz de Dios la única que debe regir nuestro aprendizaje, y su representante es la Iglesia; en sus obras, por tanto, se incluyen cuestiones de fe, dogma y costumbres.

Este aprendizaje, sin embargo, está a menudo lleno de humorismo y comicidad, y la burla se dirige y se circunscribe al número de personajes que vivían o tenían relación con el convento. Cuando sor Marcela presentaba sus obras—pensamos que sólo se representarían las loas y los coloquios—en las cuales ella y unas dos o tres monjas más intervenían en preparar el escenario, con los trajes necesarios y los abalorios precisos, todas las presentes conocían las referencias que se hacían en la obra, se aclaraban con risas en el auditorio las alusiones oscuras que se hacían en el *escenario* porque ellas solas, las monjas, conocían la clave. Sus obras servían como catársis, no sólo para la autora, sino para las otras hermanas que sufrían la general falta de comida; la presencia de insectos que las molestaban o daban asco; las aludidas en algún pasaje; modo de hablar o cuentecillo; el reconocer a los personajes *humanos* que iban apareciendo en la escena; al mismo tiempo que se personalizaban, se alegorizaban alegremente en su teatro tanto las virtudes como los vicios y sin faltar, las primeras vencían a los segundos, dándole, así, a sus piezas un innegable aspecto esperanzador.

Lo más importante de su obra son los coloquios, palabra que significa diálogo o conversación. La profesora Smith ha explicado los motivos que la llevaron a escoger los cuatro coloquios que ha editado en los cuales aparece siempre el personaje del Alma, y cómo ha agrupado los dos primeros para estudiar la figura joven de la novicia o postulante al estado de monja, y los dos segundos para presentar la problemática de una monja más madura que ya tiene tiempo en el convento, todo ello relacionado con la vocación religiosa que las ha llevado a escoger esa vida.

Los otros dos coloquios, que no aparecen en la obra presente, son los dedicados al Nacimiento del Niño Jesús, del cual sor Marcela era muy devota, y el del Santísimo Sacramento, el cual, como indica su título, es un auto sacramental, de modo que se identifica con el género teatral religioso propio de la Contrarreforma. Por sus temas y desarrollo, en cada caso, se diferencian de los otros cuatro coloquios que se ofrecen en este libro.

Sor Marcela, como otros dramaturgos anteriores a ella, introduce anacronismos en su obra para enfatizar la importancia del tema sacro, salpicando sus obras con tonos de farsa. Todo ello para poner estos episodios religiosos al alcance de sus hermanas que no sabían leer ni escribir; era un modo eficaz de aprender al mismo tiempo que se divertían. El lector de los cuatro coloquios de eesta edición tendrá, como las hermanas de Sor Marcela, motivos de risa y seriedad al descubrir los modos inocentes y graciosos de instruir en la fe que le propone esa monja metida a literata, por vocación y nacimiento, que se llamó Marcela. Demos la bienvenida a este libro de Susan M. Smith que nos introduce en un mundo poco conocido de la escritura conventual femenina, que para la monja trinitaria significaba un duro trabajo que se impuso para lograr que se dijera de su obra, como marca de excelencia, *Es de Lope*.

GEORGINA SABAT DE RIVERS
Coral Gables, Florida
Septiembre, 2004

Introducción

BREVE BIOGRAFÍA[1]

SOR MARCELA DE SAN Félix nació en Toledo en 1605, hija ilegítima de Lope de Vega y la comedianta, Micaela de Luján, la Camila Lucinda de su poesía. Lope y Micaela mantuvieron una larga relación adúltera mientras Lope estaba casado con Juana Guardo y Micaela era esposa de Diego Díaz, un actor. Por lo tanto aparece en la fe de bautismo que Marcela nació de padres desconocidos, aunque nunca fue ningún secreto para aquellos que conocían la procedencia de la niña. El padrino de la niña fue el dramaturgo y buen amigo de Lope, José de Valdivielso. En 1608 terminó la relación entre Micaela y Lope, y después de esto no se supo más nada de ella. Marcela y su hermano menor Lope Félix fueron criados por una sirvienta de confianza, Catalina, hasta 1613. Con la muerte de Juana Guardo, Lope mandó traer a Marcela y a Lope Félix desde Toledo a su casa en Madrid donde ella vivió por ocho años hasta que entró en el Convento de San Ildefonso el 28 de febrero, 1621, a la edad de 16 años.

Durante los años en que Marcela vivía con su padre, Lope se casó con Marta de Nevares, con la cual tuvo dos hijos, Antonia Clara y Carlos Félix que compartieron la casa con los hijos de Micaela. Para esa época, 1613-1621, Lope conoció al joven duque de Sessa que le ofreció apoyo económico como mecenas. El duque, admirador del éxito del dramaturgo en las conquistas amorosas, le hizo hacer copias de la correspondencia entre él y Marta de Nevares para poder participar indirectamente en el amorío. Parece ser probable que haya sido la joven Marcela la que le

---

[1] Vea también Arenal y Sabat (5-20); Arenal y Schlau (229-36) Hormigón (559).

sirvió de secretaria, preparando copias de las cartas. Hay pocos documentos con detalles sobre la juventud de Marcela, pero según su biografía ella había sentido desde muy joven una atracción a la vocación religiosa. Así es de imaginarse lo difícil que habrá sido para ella esta tarea de copista.

En 1621, entró en el Monasterio de san Ildefonso en la calle Cantarranas (hoy Lope de Vega) a poca distancia de la casa de Lope. Después de un año de noviciado, tomó la decisión de unirse a la comunidad de las Trinitarias Descalzas de Madrid, consagrándose a Dios y aceptando a Jesucristo por esposo. Lope celebró la profesión de Marcela con un poema en una carta a Francisco de Herrera donde se nos permite ver el esplendor de la ocasión. Marcela vivió enclaustrada hasta su muerte en 1687 a la edad de 82 años. Durante su larga vida ocupó los oficios de maestra de novicias, provisora, y madre superiora entre otros. Su padre la visitaba muy a menudo, cuando se hizo sacerdote, y celebraba misa en la capilla de las Trinitarias. En el bien conocido cuadro por Suárez Llano del entierro de Lope, la procesión fúnebre pasa por enfrente de la reja del convento para que así pudiera Marcela despedirse de su padre.

No habría más que decir sobre ella y no merecería más noticia que una nota en las biografías de su famoso padre si ella no hubiera sido, además de hija de Lope y monja ejemplar, también poeta, actriz y dramaturga. Como autora de poesías religiosas, coloquios espirituales y loas cómicas, nos muestra el talento que heredó de sus padres para versificar y para crear bellas obras de teatro, tanto en el mensaje como en la estructura y el lenguaje. Claramente, había aprendido algo del arte de la comedia de su padre y algo del drama religioso de su padrino, José de Valdivielso. Sabemos por el manuscrito de su vida que existieron una vez cinco tomos de sus escrituras. Desgraciadamente, hoy nos queda sólo uno porque ella quemó los otros en un acto de humildad. El que se encuentra todavía en los archivos de las Trinitarias Descalzas de Madrid es un tomo, titulado *Coloquios espirituales,* que contiene poesía, loas y seis dramas alegóricos.

La Orden Trinitaria[2]

La Orden Trinitaria fue fundada por el francés, Juan de Mata, según una visión que tuvo al celebrar su primera misa. Su regla fue aprobada por el Papa Inocencio III en 1198. Juan de Mata dedicó su vida y la nueva orden a la Santísima Trinidad y a la redención de cautivos cristianos. Junto con Félix de Valois, estableció la primera comunidad Trinitaria en el desierto de Cerfroid, cerca de París, "y se la considera hoy la 'casa madre' de toda la Orden" (9). La fundación del primer monasterio de monjas Trinitarias en España tuvo lugar en 1236. En 1599, fray Juan Bautista de la Concepción (1561-1613), natural de la Mancha, inició la reforma de la Orden estableciendo una comunidad de Trinitarios Descalzos en Valdepeñas. Después del Concilio Tridentino (1545-63), fray Juan Bautista tomó conciencia "de la imperiosa necesidad de reforma en toda la Orden. El proceso reformista tuvo particular intensidad en la península ibérica debido al celo del rey Felipe II" (13). Entre las 19 fundaciones del reformador se encuentra una de religiosas de clausura en 1612: el Monasterio de san Ildefonso, las Trinitarias Descalzas de Madrid. Su reforma se basó en un espíritu de oración, recogimiento, humildad y penitencia, aún manteniendo la dedicación al rescate de cautivos y la caridad a los pobres.

Unos años después, en 1621, Marcela de Carpio Luján ingresó a la comunidad trinitaria. A pesar de varios problemas al principio de su fundación, la nueva comunidad Trinitaria Descalza sobrevivió a pleitos en Madrid y en Roma y a períodos de extrema pobreza.[3] El número de monjas en la comunidad de Madrid creció de las primeras 12 a más de 40 durante el siglo XVII. A partir de 1606 el rey Felipe III trasladó la Corte desde Valladolid para establecerla definitivamente en Madrid. Por eso, la pequeña villa empezó a crecer en población, poder e importancia y el Monasterio de san Ildefonso, fundado en 1612 y ubicado en el barrio de las comedias,[4] comenzó a atraer a las hijas de familias conectadas con

---

[2] La información histórica del primer párrafo es de *Los trinitarios: 800 años*.

[3] Detalles sobre estos problemas aparecen en la historia de la fundación. Vea Susan Smith, *El Convento*.

[4] Entre otros, vivían allí autores de comedias, farsantes, pintores y escultores, escritores como Lope de Vega, Miguel de Cervantes y Francisco de

el mundo literario y político. Como es sabido, uno de los escritores del vecindario, Miguel de Cervantes, había sido rescatado en 1580 de su cautividad en Argel por los redentores trinitarios. A su muerte en 1616, lo enterraron en el terreno del monasterio, en cuya iglesia se sigue celebrando el "Día del Libro" cada 23 de abril, patrocinado por la Real Academia Española de la Lengua.

Hoy en día las Trinitarias Descalzas, aunque de número reducido, continúan la devoción a la Santísima Trinidad y su vida de oración y humildad. En los archivos se guarda el manuscrito de sor Marcela y otros de importancia como la historia de la fundación del convento y las biografías de unas 23 monjas del siglo XVII.

El drama alegórico

La alegoría tiene una larga historia en el mundo literario, presentando a su paso muchas variantes. Propongo limitarme aquí al género de la alegoría religiosa en que los conceptos abstractos se visualizan por la personificación. Los dramaturgos cristianos de la época medieval presentaron al público la doctrina teológica, haciendo visible lo invisible, por medio de la alegoría. Como ha demostrado Louise Fothergill-Payne en su estudio de la alegoría sacra del siglo XVII, los dos grandes temas son la lucha por la perfección del alma y la búsqueda por la salvación. La lucha interna, por ejemplo, entre el cuerpo y el alma, la mente y el espíritu, la razón y la voluntad se exteriorizan en la personificación de ellos. La búsqueda de la redención y la salvación se representan por varias metáforas extendidas. Un viaje en el mar, por ejemplo, en que el protagonista tiene que escoger entre dos barcos, uno que se llama Placer y el otro Penitencia. Es menester tomar la decisión correcta para llegar a la vida eterna. Los escritores se aprovecharon de las parábolas bíblicas y de la literatura clásica como fuentes de inspiración.

Como se puede imaginar, la trama de cada obra básicamente pone en escena las fuerzas del Mal contra las fuerzas del Bien; es decir, los vicios contra las virtudes. Aunque se presentan muchas variaciones y tropiezos, siempre fue preciso que ganara el Bien. El protagonista comúnmente llevaba el nombre general de "El hombre" y es salvado al

---

Quevedo. Para más información vea Vidaurre Jofre.

final por la gracia de Dios, rechazando los vicios y aceptando la vida de las virtudes. Su lucha interna consiste en un desacuerdo entre su razón o su fe y sus instintos humanos hacia el pecado, sea el orgullo, el deseo, la lascivia u otros de los pecados mortales. La lucha, a veces, es sólo un desacuerdo verbal en que los personajes del Mal invitan a "El hombre" a participar con ellos en su vida desordenada, mientras las virtudes le explican los beneficios de la vida cristiana. Otras veces la disputa se representa literalmente por una lucha física. El hombre tiene que "matar" los impulsos pecaminosos para ganar la vida eterna.

Otro aspecto central del drama alegórico religioso es su carácter didáctico. No se presentaba solamente para entretener a la gente. La meta principal fue la de instruir al público, en gran parte analfabeto, en la doctrina católica. A través de estas representaciones teatrales, los espectadores alcanzaban una mejor comprensión de los conceptos abstractos teológicos. Los dramas de sor Marcela se basan también en estos temas de la lucha y la búsqueda, pero desde la perspectiva de una monja. Escribió y presentó sus obras para entretener e instruir a sus hermanas en días festivos y en otras ocasiones especiales. Por consiguiente, los personajes y las tramas reflejan el mundo de la monja enclaustrada.

D. LA OBRA DE SOR MARCELA[5]

El único tomo manuscrito de sor Marcela que sobrevive incluye seis dramas alegóricos, ocho loas y 32 poemas. En otro manuscrito de biografías del siglo XVII, se encuentra una obra en prosa, la vida de sor Catalina de san Josef, escrita por Marcela de san Félix por mandato de un superior. También en este tomo de vidas, después de la biografía, hay un breve drama para el Día de los Reyes que es del estilo, tiempo, tema, y lenguaje de ella, aunque no está firmado ni hace referencia concreta a ella.[6] Como queda dicho anteriormente, hubo otros cuatro tomos que, según su biografía, fueron quemados por ella por humildad, una acción desgraciadamente común entre las monjas escritoras.

---

[5] La transcripción del ms. de sor Marcela aparece en Arenal y Sabat de Rivers.

[6] Vea Susan M. Smith, "A Newly Discovered Drama."

La poesía de sor Marcela en mayor parte consiste en 22 romances o romancillos, varios de ellos compuestos en esdrújulos. Entre los temas religiosos, ella presta especial atención a la soledad. Varios otros exploran la paradoja mística del dolor del amor. Se nota la influencia aquí de la lírica de santa Teresa y san Juan de la Cruz del siglo anterior y también de los versos sacros de su padre, Lope de Vega. Además hay ocho loas, seis monólogos y dos de ellos en diálogo. La loa, una forma poética que se remonta a los primeros dramas medievales, sirve de introducción a la presentación dramática, un *captatio benevolentiae*. La forma es, por naturaleza, una obra cómica destinada a deleitar al público a la vez que introduce el tema del drama. En estas loas sor Marcela da rienda suelta a su abundante comicidad, burlándose de sí misma y de sus hermanas, satirizando a los clérigos y letrados. En algunas de las loas la irreverencia llega a tal punto que la Madre Carmen del Santísimo Sacramento, copista de las loas a finales del siglo XIX, censuró varias partes, quitando los versos de crítica más fuerte y a la vez más jocosa.[7]

Sor Marcela tituló sus seis dramas con el nombre de *Coloquios espirituales*. El título "coloquio" es menos empleado para los dramas de la época que los de farsa o comedia y lleva la connotación de conversación informal y personal, lo cual entendemos como muy apto al intento de la dramaturga que escribió y presentó estos dramas para divertir y educar a sus hermanas en ocasiones festivas. Dos de las obras, como indican sus títulos—"El nacimiento de Jesús" y "El Santísimo Sacramento" celebran la Navidad y el sacramento de la Eucaristía respectivamente. Los otros cuatro coloquios del manuscrito constituyen un conjunto que he nombrado "los coloquios del alma" por compartir una misma protagonista, el alma femenina. Los poemas, loas, y dramas del manuscrito forman la mayor parte de la obra de sor Marcela que ha sobrevivido.

Sería conveniente mencionar una nota más sobre estas obras cómico-religiosas. Al leer los coloquios por primera vez, puede sorprenderle a uno tanta comicidad en una obra sacra de una autora religiosa. Abundan la ironía y el sarcasmo en los versos en que sor Marcela se burla de sí

---

[7] La versión purgada se puede encontrar en la Biblioteca Nacional de Madrid y en Serrano y Sanz.

misma o de otras monjas; incluyen además referencias ligeramente veladas a los pecados de su famoso padre. Mas hay que recordar el principio clásico de la "dulce medicina." Desde los autores griegos a los escritores clericales medievales y los dramaturgos de autos sacramentales, el humor ha servido de entrada a la lección teológica. La meta es enseñar deleitando. Sor Marcela se aprovecha aún más de este principio en su teatro "cerrado"; es decir, la autora, las actrices y el público son todas mujeres religiosas enclaustradas. Todas comparten la misma vida—comen, trabajan, y rezan juntas. Se conocen profundamente en sus aptitudes y sus debilidades. Es por eso que funcionan tan bien la ironía y el sarcasmo. Cuando todas ven las interacciones y escuchan los intercambios entre vicios y virtudes desde la misma perspectiva, no es posible que se les pase por alto el doble sentido o la referencia a alguna persona de su comunidad, y puedan reírse juntas también.

Orientación para el Estudiante

LOS CUATRO COLOQUIOS COMO SERIE TEMÁTICA

Los cuatro dramas alegóricos de este texto siguen una trayectoria temporal en la vida de la protagonista, Alma. A lo largo de la serie, Alma nos presenta la vida de una mujer que desde joven escoge una vocación religiosa, entra en el convento como novicia, toma el velo y, al final, vive en la comunidad con todas las dificultades y las recompensas de dicha vida. Cuando uno lee la biografía de sor Marcela,[8] se sabe que el desarrollo espiritual de esta Alma se parece mucho a la experiencia de ella misma. Además, no es difícil imaginar que el Alma de estas obras refleja la experiencia de la mayoría de las hermanas Trinitarias, espectadoras de la obra. Seguramente la dramaturga y las espectadoras se identifican con la protagonista por una conexión emocional; reconocen las tentaciones vividas por ella y sienten un gran alivio al momento climático cuando Alma sale victoriosa.

También se nota la conexión entre los cuatro dramas en los otros personajes. En cada coloquio los personajes consisten en dos o tres

---

[8] Vea Susan Smith, *El convento*.

virtudes que acompañan a Alma y un vicio que intenta convencerla de abandonar la virtud. Cada obra dramatiza la lucha en debates que, a la vez, sirven de ejemplos didácticos sobre la vida virtuosa y el peligro del pecado. El clímax y el desenlace siempre vienen con la decisión correcta de Alma de aceptar las lecciones de las virtudes y rechazar las invitaciones del vicio. Los vicios de los coloquios son Apetito, Mundo (junto con Mentira), Tibieza y Celo Indiscreto. Los dos primeros vicios representan las tentaciones que Alma necesita vencer antes de entrar en el convento y tomar el velo; los dos últimos representan problemas comunes contrarios a la comunidad conventual—una falta de devoción y un exceso de devoción.

Así también vemos como la serie de cuatro coloquios se divide en dos parejas para representar las decisiones y el desarrollo espiritual de una monja. En los dos primeros dramas, el Alma es bastante joven, mientras en los dos últimos ella es claramente una monja con tiempo y experiencia en el convento. La complicación de la trama en cada obra plantea un problema a cada paso de la vocación religiosa. Al principio Alma está viviendo en el mundo y necesita tomar la decisión de entrar o no en el convento. El problema se dramatiza básicamente como una batalla física entre Apetito (los deseos de la carne) y Mortificación (la represión de los sentidos) por Alma. Alma decide entrar como novicia, dejando atrás los deseos mundanales. En el segundo drama, después de un año de preparación, Alma se examina para saber si la vida de clausura es su verdadera vocación. De nuevo se dramatiza como una batalla, pero ahora en forma de un debate entre Religión y Mundo enfrente de Alma. Mundo ofrece riquezas y una vida de comodidades mientras caracteriza a Religión como dura y difícil. Religión condena a Mundo por ofrecer felicidad transitoria en contraste con la vida eterna de la salvación. Alma decide tomar el velo y vivir "fuera del mundo" en el convento de la Trinitarias Descalzas.

En los dos últimos coloquios, Alma ya es monja, pero todavía sufre de tentaciones por sus debilidades humanas. Siempre intenta servir a Dios, acercándose así a la devoción perfecta. Sin embargo, se enfrenta con dos problemas dentro del convento. En el tercer coloquio, una monja floja (Tibieza) muestra flaqueza en sus ejercicios espirituales y trata de convencer a Alma que no es saludable tanta perfección. Del otro extremo, en el cuarto drama, el personaje de Celo Indiscreto es tan celoso de la religión que critica y condena a todos, olvidándose de sus propios pecados. Sus críticas causan problemas en la comunidad incitando a una monja contra la otra, destruyendo la paz necesaria para una vida de contemplación. En total, estos cuatro dramas del alma, como han escrito Arenal y Sabat, forman unas lecciones que podemos llamar "el arte de hacer una monja" (42).

Una pregunta que no podemos contestar definitivamente es la de las fechas de composición. Sólo uno de los dramas indica su año de composición, 1559, y me parece ser el último de la serie. Sor Marcela tendría 54 años. Por el desarrollo espiritual de Alma y el papel que hace Marcela, me parece lógico que el orden sea el del manuscrito. En el primer coloquio,"Muerte del apetito" Alma decide entrar en el convento; en el segundo, "Estimación de la religión," Alma decide profesar con las Trinitarias Descalzas de Madrid. En estos dos, planteo que sor Marcela hace el papel de los vicios (Apetito y Mentira), roles para una joven bastante activa. Los coloquios tres y cuatro, "De virtudes" y "Celo indiscreto," tienen lugar en el convento y el papel de Marcela parece ser uno más maduro y de cierta autoridad, lo cual sería apropiado para ella ya que había servido de maestra de novicias varias veces. En el tercer coloquio ella es la voz de Amor Divino y en el cuarto hace el papel de Paz. Estos personajes discurren sobre los requisitos para una buena vida religiosa, Amor Divino en forma de un sermón y Paz en forma de una lección de maestra. Aunque no hay pruebas definitivas, creo que este orden representa bien tanto el desarrollo de la protagonista como el de nuestra dramaturga.

Los Personajes

La protagonista es el alma femenina, y más específicamente, el alma de una joven que se hace monja en la orden de las Trinitarias Descalzas de Madrid. Esta protagonista demuestra un desarrollo personal y espiritual a través de los cuatro coloquios, reflejo del desarrollo de Marcela misma en su fe y en su vocación. Recordando los dos grandes temas de la alegoría religiosa, la lucha y la búsqueda, podemos ver que los dos primeros dramas se enfocan en ése, la lucha de Alma contra la atracción del mundo, mientras que los dos últimos se enfocan en éste, la búsqueda de la perfección en su devoción espiritual. Al comenzar la primera obra, Alma es una joven impaciente con la virtud y quiere controlar su propia vida. Ella crece en madurez y en entendimiento espiritual por las lecciones aprendidas en esta obra y en las siguientes. En vez de ser impaciente con la virtud, ella la anhela más que nada.

Los personajes que acompañan a Alma en la lucha y la búsqueda son las virtudes y sus antagonistas son los vicios. En los coloquios de lucha, Alma presencia debates entre fuerzas contrarias, primero Apetito contra Mortificación, luego Mentira y Mundo contra Verdad y Religión. En estos dos dramas, las virtudes tratan de convencerla de que la vida virtuosa de la religión es superior a la vida del mundo con sus apetitos y sus mentiras. En los coloquios de búsqueda, Amor Divino y Paz le enseñan a Alma que la devoción a las virtudes principales de las Trinitarias—humildad, pobreza, obediencia—importan para poder seguir el camino a la salvación. Cuando Alma sufre las tentaciones de Tibieza en sus ejercicios espirituales, Amor Divino le recuerda su promesa de servir a Dios por el amor de Cristo. En el último drama, Paz le explica por qué Celo Indiscreto hace daño a la comunidad. El celo religioso puede ser admirable, pero cuando es indiscreto es un vicio que causa alborotos entre las monjas, cada una intentando ser más piadosa que la otra, lo cual impide la vida contemplativa, la vida de paz.

En resumen, Alma se enfrenta sucesivamente con Apetito y Mentira/Mundo fuera del convento, y con Tibieza y Celo Indiscreto dentro del convento. Sus compañeras que la ayudan a ganar la victoria son las virtudes—primariamente, Mortificación, Desnudez, Verdad/Religión, Amor Divino y Paz. A lo largo de la serie Alma aprende las lecciones de las virtudes y toma decisiones correctas, lo cual seguramente alegraba a las monjas espectadoras.

Los temas

Entre los muchos temas de estos coloquios encontramos los espirituales, como es de esperar, y también los de tipo práctico. Sor Marcela está enseñándoles a sus hermanas el camino de la devoción perfecta y además les muestra una manera de vivir bien dentro de la comunidad religiosa. Los temas espirituales más repetidos—la humildad, la mortificación y la oración—reflejan preceptos fundamentales de la devoción trinitaria, enfatizados aún más entre las descalzas. Una y otra vez sor Marcela adopta el vocabulario místico a sus temas, empleando los binarios contrarios de alto/bajo para hablar de la humildad; gozar/sufrir para explicar la práctica de la mortificación; el dilema de hablar/callar relacionado con la oración. En cuanto a los temas prácticos para la comunidad, se nota un énfasis en la eficacia de la colectividad femenina en los esfuerzos hacia la devoción perfecta, y la necesidad de ser "mujer varonil" para cumplir con las obligaciones de su vocación. La "mujer varonil" es una mujer fuerte física y emocionalmente, una mujer de carácter firme. Es la que les sorprende a los hombres por no mostrar las características esperadas de una mujer, supuestamente débil y mudable. Regresaré al tema más adelante.

Toda devoción empieza con la humildad. Sor Marcela, repitiendo la paradoja mística en la poesía de santa Teresa y san Juan de la Cruz, y las ideas molinistas de su día[9], insiste en la bajeza o la nada como fundación imprescindible desde la cual el espíritu empieza a subir. Hay varias parábolas bíblicas en que se destaca este mismo concepto y que sirven de inspiración a los escritores místicos. Sobre todo hay que mencionar el ejemplo *sine qua non* de la divinidad y la humanidad de Cristo. Por analogía, los humanos que sufren en la tierra por amor a Dios, también serán elevados al cielo por la gracia de Dios. Paz le dice a Alma en "Celo indiscreto" lo siguiente:

> Con estimarte baja,
> como de veras lo eres,
> subirás cuanto quisieres
> y tanto descollarás
> que te unas al más alto (522-26).

---

[9] Miguel de Molinos, teólogo de la segunda mitad del siglo XVII, publicó su *Guía espiritual* en 1675. Los principios fundamentales de su movimiento son la humildad, la bajeza y la nada.

En "De virtudes," Religión repite la misma idea cuando le describe a Alma el palacio celestial de Dios como el lugar donde viven "los que dominando/ los efectos y las pasiones/ le son humildes vasallos/ vencedores de sí mismos" (1164-67). Con la humildad se alcanza la meta más alta, la de la vida eterna.

Para llegar a este estado de bajeza Alma tiene que empezar con la mortificación de los sentidos. La vida ascética, siguiendo el modelo de santa Teresa y las Carmelitas Descalzas, forma la base de la reformación de las Trinitarias en una Orden Descalza. Tal vida incluye privaciones de comida y de descanso, ropa de tela tosca, y poca comodidad en las celdas. Además, en la época de Marcela, hubo el requisito de mortificarse tres días a la semana; es decir, aplicarse "la disciplina," dándose latigazos en los hombros al rezar. Por eso dice Mortificación en "Muerte del apetito": "¿Buscas perfección muy alta?/Pues no me olvides jamás" (449-50). La necesidad de mortificarse para llegar a la perfección en la devoción introduce el binario contrario, gozar/sufrir, en la paradoja mística del dolor dulce. Algunas monjas, como Marcela, en adición a mortificarse con la disciplina, llevaban cilicios que producían llagas dolorosas en la piel. Desnudez expresa este deseo para Alma: que "el trabajo y el tormento/ sea tu dulce manjar" (891-92). Por el sufrimiento del cuerpo en la tierra la monja realiza un *imitatio Christi* que levanta el alma hacia el cielo; así se experimenta el dolor y el placer simultáneamente. Vale la pena porque la tarea difícil de controlar los apetitos resultará no sólo en la satisfacción del momento, sino también en la salvación eterna. Más tarde en el mismo coloquio, Mortificación, hablando de Apetito, le dice al Alma: "Es tu corona y tu palma/ que le sufras y padezcas" (1415-16). El sufrir en este mundo es inevitable, pero asegura la alegría en el mundo celestial.

Las horas de oración rigen la vida de las monjas enclaustradas. Una de las metas de la reforma de 1599 era la de dedicarse al *cura animarum* (el cuidado de las almas) y por eso las Trinitarias Descalzas pasan por lo menos seis horas en oración en el coro más dos horas y media en meditación (Ginarte González 137). El coloquio en el que vemos la lección más directa sobre la oración se titula "De virtudes." Por un debate entre Oración y Tibieza, Marcela dramatiza la función de la oración, sus dificultades y peligros, sus premios y responsabilidades. El premio último es la alegría de la salvación, gozando de la vida eterna en la presencia de Dios. También se puede experimentar una parte de esa alegría en la tierra por los favores de Dios recibidos en comunicación con Él, sean palabras personales, visiones, o un sentido de euforia y bienestar. Recordemos que para Marcela y las Trinitarias Descalzas la humildad es de máxima importancia como el fundamento de la vida espiritual. Así, para acercarse a la oración, otra vez es preciso primero que la monja reconozca su bajeza y su falta de mérito antes de poder comunicarse con Dios.

Ahora bien, el silencio es fundamental para la vida enclaustrada y se encuentran reglas sobre él en todas las órdenes reformadas. Les ayuda a las monjas a concentrarse en sus devociones a la vez que el silencio limita la conversación frívola, los chismes, y el tiempo malgastado. No obstante, el binario contrario de hablar/callar lleva significado especial en la oración. La que recibe favores de Dios naturalmente quiere hablar de su experiencia con sus hermanas, pero hay por lo menos dos razones para no hacerlo. Primero, importa callar para ejercer la humildad apropiada. Desnudez, en "Muerte del apetito," enseña que la gloria siempre debe ser para Dios, aceptando humildemente cualquier merced y callando el favor. Ella le aconseja a Alma: "Y tú con sólo callar/ y orar en tu corazón/ alcanzarás la victoria./ Será para Dios la gloria" (1227-30). En segundo lugar, es preciso no llamar la atención. Había la posibilidad de escandalizar al confesor u otro superior eclesiástico al describirle un éxtasis espiritual o informarle de un mensaje o consejo recibido directamente de Dios. Las sospechas de una peligrosa heterodoxia podría resultar en una denuncia a la Inquisición. Por eso, también en "Muerte del apetito," cuando Alma dice que Dios le ha hablado con palabras llenas de amor, Mortificación le advierte fuertemente:

> Echa a la boca candados
> y no lo digas a nadie
> los favores de Oración
> ni lo que te enseña y dice
> por que no se escandalice

quien no tuviere experiencia. (506-11)

La monja que reciba los favores, o se considera bendecida por Dios o engañada por el demonio. Por esta razón era mejor que callara.

Alma expresa duda sobre el silencio, diciendo que "por ingrata me tendrán/ pues oculto sus mercedes" (433-34), pero la Mortificación contesta:

> Bien manifestarlas puedes,
> Mas no ha de ser con palabras
> Sino con la vida y obras
> ....
> mucho más se satisface
> con obrar que con hablar. (535-37, 542-53)

La vida religiosa, siguiendo el camino de la contemplación, ofrece la posibilidad de comunicarse directamente con Dios y de experimentar un poco de gloria aquí en la tierra. A la vez, sor Marcela enseña que sus hermanas no deben buscar favores, sino que tienen la responsabilidad de amar a Dios, vivir y obrar humildemente, agradeciendo a Dios en silencio cualquier favor. El personaje de Amor Divino (Jesucristo) en "De virtudes" repite la lección: "[L]o que pasares no digas,/ Alma, sino a Dios no más" (749-50).

En resumidas cuentas, se destacan estos tres temas espirituales. Primero, la humildad o la bajeza forman la base sin la que no se puede comenzar el camino de la devoción. Segundo, por la mortificación de los sentidos se practica la humildad debida. Y tercero, la obligación de rezar por tantas horas es una parte esencial de la vida trinitaria. A través de la oración la monja sincera puede experimentar la comunicación íntima con Dios, aunque callando estos favores. En el último coloquio, "Celo indiscreto," sor Marcela resume en el personaje de Paz, esta doctrina básica para Alma y para sus hermanas: "Dios se glorifica/ que en sólo callar y amar/ obedecer y sufrir/ el fundamento pongáis" (407-10).

En las lecciones prácticas se nota los temas repetidos de la eficacia de la acción colectiva y la necesidad de ser "mujer varonil." La colectividad o solidaridad femenina es evidente en la hermandad de las virtudes. En cada obra invitan a Alma a participar en una vida colectiva, una comunidad de apoyo mutuo. Obviamente, la alegoría presenta una lección religiosa, que el Alma junto con las virtudes iguala a una monja ideal, a una esposa fiel a Cristo. Mas también se puede aplicar esta idea prácticamente a la comunidad de monjas que sobrevive por el esfuerzo común tanto en el coro y en las obligaciones espirituales como en la cocina y en otros quehaceres domésticos. Mortificación le dice a Apetito: "el Alma te dará muerte/ con mi ayuda y otras dos/ mis amigas" (668-70). Las amigas son las otras dos virtudes del drama, Oración y Desnudez. Hacia el final de esta obra, cuando Alma tiene miedo de que Apetito se reanime, Desnudez le asegura con estas palabras: "Volverémosle a matar" (1198). Reconocemos en el verbo en primera persona plural el intento de una acción colectiva.

En el coloquio "De virtudes," Alma quiere obedecer a Oración, pasando el tiempo obligatorio con ella, pero es difícil. Cuando Alma vacila entre las exhortaciones de Oración y los consejos de Tibieza, entra Amor Divino para dar un sermón con esta metáfora de subir una montaña:

>   Subirás con la Oración,
>   compañera inseparable,
>   y llevarás por tu guía
>   a la emperatriz María
>   que es de las virtudes reina (639-43).

Sigue la lección de Amor Divino presentando una lista de otras virtudes, damas de grandes bienes, que le pueden ayudar—Humilidad, Pobreza, y Obediencia. Las virtudes juntas con Alma, y a través de Oración, llevarán a Alma a la cima de la montaña que es Amor Divino.

Otro tema es el de la "mujer varonil," término que se refiere a la mujer que aguanta con fuerte resistencia las dificultades y deprivaciones de la vida conventual; una resistencia más aparejada a la del varón. Aparece el término comúnmente en las descripciones escritas por hombres sobre mujeres excepcionales—tanto físicamente como intelectcualmente. Así se explican las actividades o actitudes de una mujer como, por ejemplo, santa Teresa de Ávila. Santa Teresa reformó la Orden Carmelita, escribió su autobiografía y varios libros sobre ejercicios espirituales y viajó por España durante 20 años dirigiendo la fundación de 16 conventos y monasterios. Sabemos que sor Marcela leyó las obras principales de santa Teresa y entendía bien la necesidad de ser "mujer varonil" para soportar la vida ascética de una Orden Descalza. Recordemos los repetidos ejemplos de la paradoja del "dolor dulce" o la "fatiga dichosa" en varios de los coloquios; son una faceta de la "mujer varonil" necesaria al nivel espiritual. Sin embargo, en la historia de la fundación del Convento de san Ildefonso se hace evidente también que las monjas sufrieron de la escasez de comida, de las incomodidades de camas duras y celdas frías, de la molestia de chinches y mosquitos. Nuestra dramaturga y sus hermanas, también a nivel práctico, aprendieron la necesidad de ser "mujer varonil."

En los coloquios, Alma y las virtudes demuestran las características de tal mujer. Al final de "Muerte del Apetito" somos testigos de la matanza violenta del vicio. Desnudez le grita "Acaba, Apetito vil/ y nunca más volverás" (1473-74), a lo que responde él "Ella ha triunfado de mí" (1476). Sin embargo, a pesar de haberse rendido Apetito, Desnudez insiste en que Alma le ate los pies y le apriete las manos para que Mortificación le atraviese con una espada. Con estas acciones queda claro que Alma y las virtudes actúan como mujeres varoniles. La necesidad de matar por completo los apetitos es una lección espiritual para las monjas y, a la vez, sor Marcela enseña que sus hermanas no luchan solas sino que pueden triunfar con la ayuda de otras. Pueden aplicar la misma lección a su vida en la comunidad.

En otros coloquios, el rechazo del vicio es menos violento físicamente, pero igual de fuerte emocionalmente en la lucha interna de Alma. En boca de varias virtudes, sor Marcela le advierte a Alma de la dificultad de su batalla. Alma se siente confusa cuando tiene que escoger entre los consejos de dos mujeres—Verdad (abogando por Religión) y Mentira (abogando por Mundo). La Verdad le había advertido desde el principio: "Mucho, Alma, te ha de costar/ despedir a la Mentira" (157-58). Mas aún dentro del convento la batalla sigue. En "De virtudes" el Alma resiste la

necesidad de pasar tantas horas con Oración por la dificultad de la tarea.
Alma se le queja:

> Pides tan estrecha cuenta
> de acciones y pensamientos,
> que das notables tormentos
> a potencias y sentidos
> . . . . .
> que no me siento con fuerzas
> para tanta perfección (340-43; 350-51).

Las monjas seguramente ven el error a la vez que sienten simpatía por la reacción de Alma. Sor Marcela ofrece un momento de catársis para ellas y, a la vez, subraya la lección práctica de que la vida del claustro no es una vida sin dificultades y sólo la mujer fuerte podrá triunfar.

LAS TRAMAS

Las tramas de los coloquios del Alma otra vez se dividen en dos grupos. Los dos primeros son dramas del tipo "dama-galán." Este tema del teatro popular refleja la vida de una joven fuera del convento cortejada por dos hombres—el galán y su rival. El problema dramático es esencialmente una lucha entre el galán y el rival por la mano de la joven. En el caso de los coloquios alegóricos de sor Marcela, se presenta este triángulo amoroso "a lo divino." El galán es un concepto terrenal (e.g., el Mundo o el Apetito) y el rival es Cristo. Así la complicación del drama se resuelve de una manera contraria a las comedias populares. Es el galán el que pierde la lucha cuando el Alma acepta a Jesucristo, el rival, como esposo.

El Alma de los otros dos coloquios ha tomado el velo y ya no vive en el mundo sino que vive en el convento. El problema que explora sor Marcela ahora es el de las tentaciones experimentadas por una monja. La lucha física o externa ha cambiado a una búsqueda emocional o interna. Alma quiere llegar a la perfección en su devoción religiosa. Dos obstáculos en su camino a la perfección son Tibieza y Celo Indiscreto. Primero, sor Marcela nos muestra un Alma que sufre de flaqueza en los ejercicios espirituales y se rinde a la tentación de evitar algunos requisitos de la vida religiosa. Luego nuestra dramaturga ofrece el ejemplo de una persona demasiado celosa en la figura de un clérigo que critica las debilidades de los demás. Alma triunfa sobre estos obstáculos cuando aprende las lecciones de humildad y obediencia.

La muerte del apetito
El Alma de este coloquio es la dama deseada por Apetito, el galán. El rival es Religión que representa el camino hacia Cristo. Apetito, entendido en el sentido del hambre, se despierta cuando quiere comer y se duerme después de satisfacerse. No obstante, vuelve a despertarse poco después con más hambre que nunca; hace el papel de un verdadero comilón. Desde el principio Apetito anuncia, con referencia al nivel literal de la comida, el problema temático para Alma: "Agora te pido poco/ que mucho más te pediré" (117-18). Aunque Apetito obviamente representa la gula, las monjas seguramente entienden que por extensión es un personaje compuesto. Así le ofrece a sor Marcela una oportunidad para criticar otros pecados de exceso, como la avaricia y la lujuria, en una serie de escenas realmente cómicas. El trío de virtudes—Mortificación, Oración, y Desnudez—le enseñan al Alma sobre el peligro de Apetito y sus demandas crecientes. Más valen los regalos que recibirá al aceptar a Cristo, a pesar de que exige una vida de autocontrol frente a los placeres mundanos. Al final, las virtudes la ayudan a matar a Apetito.

Estimación de la religión
Este coloquio, aunque del mismo tema de "dama-galán," se desarrolla de forma distinta por tener un nivel más de complicación. El antagonista, Mundo, se aprovecha de la ayuda de una alcahueta, Mentira, mientras Religión también tiene una asistente en Verdad. Así el debate inicial entre Mentira y Verdad, más tarde se convierte en otro debate extenso en el que participan Mundo (apoyado por Mentira) y Religión (apoyada por Verdad). Mentira le presenta a Alma su compañero, Mundo, quien intenta convencerla de que vivirá mejor con él. Verdad responde presentándole a Religión quien trata de convencerla del contrario, de que vivirá mejor con ella. Al final, la desengañada Alma puede ver claramen-

te la falsedad de Mentira y Mundo. No sólo decide vivir con Religión sino que escoge la Orden de las Trinitarias Descalzas de Madrid. Alma entra en el convento acompañada por Verdad y deja atrás a Mundo y Mentira.

De virtudes

Esta obra y la última tienen lugar en el convento. Es natural que sor Marcela, al dejar atrás el mundo también abandone el tema de "dama-galán." Alma ahora demuestra más madurez; ya no es la joven de temperamento malhumorado y fácil de engañar. De hecho, "De virtudes" es una obra sin antagonista masculino que tiente a Alma. Sin embargo, sor Marcela quiere recordarles a sus hermanas que aún dentro del convento hay tentaciones. El ser monja no es fácil y Oración admite que es difícil ser fiel a las horas requeridas. Le recuerda a Alma que Cristo quiere amantes fuertes y enérgicas. Mientras tanto Tibieza insiste en que no es saludable para Alma que pase tantas horas sin comer o descansar. Tibieza, supuestamente una monja y amiga de Alma, hace el papel de antagonista en su preocupación por el bienestar de Alma. Alma en los inicios del drama, aceptando el raciocinio de Tibieza, admite que "Es muy notable desdicha/tal padecer, tal penar" (146-47). Luego acusa a Oración de ser una mujer de "seria condición" (223), diciendo que es "tan seca y tan desabrida" (225) que tratar demasiado con ella es perjudicial para la salud. Esta caracterización de las dificultades de concentrarse en la oración por tantas horas reafirma lo que han pensado muchas de las espectadoras y le da a sor Marcela la oportunidad, a través de la palabras de Oración, de presentar una lección sobre uno de los objetivos de este ejercicio espiritual. Ella describe el amor que le espera a la monja en su Esposo querido y explica los beneficios que reciben las que se acercan a Él humilde y sinceramente. Finalmente, llega Amor Divino (*i.e.*, Cristo) para hablar con ella directamente, señalando alegóricamente la recompensa por las horas dedicadas a la oración.

Celo indiscreto

En el último drama reaparece un antagonista masculino, pero no representa a un galán en el convento sino a un clérigo, probablemente un superior o confesor. Esta figura causa daño al perturbar la paz de la comunidad. Al principio, Alma lo admira por su celo, pero al cabo de 100 versos queda desengañada y en el resto del drama, junto con dos virtudes, Sinceridad y Paz, hace planes para echarle del convento. La comicidad abunda en la ironía de Celo Indiscreto que una y otra vez se condena a sí mismo, no sólo por las duras críticas que él les hace a las demás personas, sino también por las respuestas llenas de sarcasmo por parte de Sinceridad. El momento climático es todo un proceso "judicial" en que las virtudes juzgan a Celo Indiscreto de loco y peligroso y le dan una sentencia de destierro a una isla remota y sin gente a quien pueda molestar.

NOTAS LINGÜÍSTICAS

Algunos obstáculos al entendimiento de obras antiguas son las diferencias en vocabulario, ortografía y el sistema verbal. A continuación ofrezco una lista de las diferencias más comunes en estos coloquios para evitar la repetición de ellas en el vocabulario glosado y en las notas.

Vocabulario—Algunas formas arcaicas existen junto con formas modernas.

   agora / ahora   aquesto / esto
   ansí / así   habemos / hemos
   aqueso / eso   presto / pronto, rápido

Ortografía—Los siguientes son algunos de los cambios más comunes
 1. Falta de "c" : *dotrina* por *doctrina*; *perfeto* por *perfecto*
 2. Uso de "i" por "e" : *siguro* por *seguro*; *invíes* por *envíes*
 3. Intercambio de "s" y "x" : *estremo* por *extremo*; y de "z" por "s" *quizo* por *quiso*
 4. Al añadir una diéresis, se rompe el diptongo. Sirve para mantener el número de sílabas poéticas: *süave* por *suave*; *huïda* por *huida*.

Sistema verbal—Estas formas no se usan hoy o se usan de diferente manera.

1. <u>El futuro del subjuntivo</u>, poco usado hoy, se forma con el imperfecto del subjuntivo (ra) sustituyendo una "e" final por la "a": supiere, fueres, comieren.
2. <u>El imperfecto del subjuntivo</u> es frecuente en lugar del condicional. Por ejemplo, *se holgara* en vez de *se holgaría*.
3. <u>Los pronombres de complementos directos e indirectos</u> pueden encontrarse separados de la forma verbal o conectados a cualquier verbo conjugado. Por ejemplo: *dióle* por *le dio*, *hele visitado* por *le he visitado*, etc.

CRITERIOS DE ESTA EDICIÓN

El manuscrito original de la obra de sor Marcela, titulado *Coloquios espirituales*, se guarda en el archivo del convento de las Trinitarias Descalzas de Madrid. Una copia parcial del volumen, probablemente hecha a finales del siglo XIX, se encuentra en la biblioteca de la Real Academia Española. En 1988, Electa Arenal y Georgina Sabat de Rivers publicaron, por primera vez, la obra completa de sor Marcela basada en el manuscrito del convento. La presente edición de los coloquios del alma se basa en la transcripción de la Dra. Sabat para la edición de Arenal y Sabat. Hay correcciones a la puntuación y cambios a los números de los versos para corregir errores en la edición previa. Adiciones al texto para clarificación o corrección al manuscrito aparecen entre corchetes [. . .]. Para facilitar la lectura y el estudio del texto, esta edición incluye vocabulario glosado y notas para aclarar referencias literarias, históricas y religiosas.

El orden de los coloquios en esta edición sigue el orden del manuscrito original, aunque en el manuscrito no se agrupan sino que van intercalados entre poemas y loas. Los folios de los coloquios en el manuscrito son los siguientes: "Muerte del apetito" (3-58), "Estimación de la religión" (63-118), "De virtudes" (160-189), "Celo indiscreto" (457-505). Los dos primeros llevan el título indicado en el manuscrito. Los dramas tres y cuatro carecen de títulos en el manuscrito y sigo los que emplearon Arenal y Sabat, por estar de acuerdo con su razonamiento. Reconocemos que según la costumbre de la época el título está incluido en los últimos versos de la obra. Uno de los personajes, dejando su papel ficticio, se dirige al público ofreciendo un breve resumen y una despedida. Al final del tercer drama, dice la Oración "Aquí, mis madres, se acaba/ el coloquio de virtudes" (786-87), por eso el coloquio lleva el título "De virtudes." Luego en el último parlamento del cuarto drama, la Paz se despide con esta advertencia: "y el Celo Indiscreto, madres,/ en ninguna no se vea" (1137-38). Considerando estos versos, "Celo indiscreto" sirve apropiadamente para indicar el título; el del personaje más importante de la obra.

La numeración de los dramas en esta edición no sigue los números de Arenal y Sabat; los números del uno al cuatro sirven sólo para poner en orden los coloquios del alma sin consideración a los otros dramas de sor Marcela.

ABREVIATURAS EN LAS NOTAS

Cov. Sebastián Covarrubias Orozco. *Tesoro de la lengua Castellana o Española,* ed.
facs. Madrid: Turner, 1984.
DA *Diccionario de Autoridades,* ed. facs. 3 vols. Madrid: Gredos, 1990.
dim. Forma diminutiva de la palabra.
SM sor Marcela
fig. Significado figurativo de la palabra o la expresión.
RAE *Diccionario de la Lengua Española,* vigésima primera ed. 2 vols. Madrid: Espasa-Calpe (RAE), 1992.
v./vv. verso/versos

SUSAN M. SMITH
Hampden-Sydney University
August, 2004

Coloquios espirituales

[1]

Jesús, María, Josef, Angel Custodio

Coloquio espiritual
intitulado "Muerte del apetito"

entre

El Alma	La Mortificación
El Apetito	La Desnudez

Salen ALMA *y* MORTIFICACIÓN

ALMA   Es mucho lo que padezco°   *sufro*
              con tantas reprehensiones°   *reprensiones o correcciones*

MORTIFICACIÓN[1] Mortifica tus pasiones
              y no tendrás más enojos,
              que si a los vanos antojos°   *deseos pasajeros*
              quieres, Alma, complacer,   6
              no podrás jamás tener
              ni consuelo ni quietud.

ALMA   Bien deseo la virtud,
              su dificultad me ahoga.[2]   10

---

[1] En el contexto religioso, mortificarse significa suprimir los deseos físicos---e.g. comer, beber, y dormir poco; no sentir el frío, el calor, los dolores.
[2] Aquí quiere decir "me es difícil"; literalmente, "me asfixia."

MORT.	Si el vicio te desahoga°	*te alivia*
	¡oh infelicísima alma,!	
	nunca llevarás la palma°	*ganarás la victoria*
	ni triunfarás de ti misma,	
	que ésta es la mayor victoria.	15
	Sirve el destierro de gloria	
	a quien se aflige y se vence,	
	y si esto no te convence,	
	tu precipicio° está cierto,	*destrucción*
	y mi pena y aflicción.	20

ALMA ¡Jesús, Mortificación,
cuánto me aprietas y cansas!

MORT. ¿Quieres que con alabanzas
califique imperfecciones,
gradúe tus sinrazones   25
y abone° lo que no es justo?   *acredita por bien*

ALMA No te puedo yo dar gusto,
que de nada te contentas:
me afliges y me atormentas
por cualquiera niñería.°   *cosa de poca sustancia*
  Tu rígida condición°   *carácter o personalidad*
hace gran ponderación   32
aun de una pequeña acción
menos ajustada o recta.
Bien sé que no soy perfecta,   35
pero ni tan mala soy
que no puedes tolerarme
y, si no, puedes dejarme,
que yo buscaré otra amiga
de condición más amable   40
que con caricia me hable
y trate con caridad.

| | Mi vecina Vanidad
siempre me ofrece su casa,
su lado, su mesa y más. | 45 |
|--------|--|--|
| MORT. | Pues, con eso bien podrás
tratar de tu salvación,
de servir a Dios y amarle.³ | |
| ALMA | Mi pretensión° es gozarle
mas no por tanta estrechura,
que ni yo vivo en clausura⁴
ni trato de perfección
con tanta continuación
que me haya de condenar
a vida tan retirada.
Ya me tiene muy cansada,
amiga, tu condición.
Tú eres Mortificación:
vete a un convento descalzo,⁵
que allí serás admitida,
muy regalada y servida
de quien tiene obligación
de sufrir tu condición
y conformar toda acción
con todo lo que gustares.
En dejarme, no repares,°
que no corro por tu cuenta.⁶ | *intento*
50

55

60

64

te preocupes |

---

³ Mortificación habla con sarcasmo.

⁴ En la época de SM, las monjas vivían encerradas en claustros por decreto del Concilio de Trento.

⁵ En los conventos de órdenes descalzas, los religiosos practicaban la mortificación con rigor, así Alma le dice a Mortificación que debe estar en un convento descalzo.

⁶ Significa "No soy de tu responsabilidad."

MORT.	Saliera de aquí contenta	
	a no ver tu perdición.	
ALMA	Deja, Mortificación,	70
	de darme tantos pesares.°	*dolores intensos*
MORT.	¿Pues, sin mí si tú te hallares?	
ALMA	Muy bien me hallaré sin ti;	
	véteme presto de aquí	
	no te vean más mis ojos.	75
MORT.	¡Qué de penas, qué de enojos,	
	Alma, que has de padecer°	*sufrir*
	hasta que te vuelva a ver!	
ALMA	¡Qué perjudicial° mujer,	*dañosa*

Vase MORTIFICACIÓN

qué porfiada° y qué necia!	*obstinada*
Aún no creo que se ha ido.	81
¿Si habrá Apetito[7] venido?	
Quiera Dios que no se tarde;	
no es el mozuelo° cobarde,	*mozo (dim.)*
es valiente como un Cid[8]	85
y temo alguna desgracia.°	*accidente*

Sale APETITO

---

[7] Este personaje representa una variedad de pecados mortales; no sólo el más obvio, la gula, sino también la lujuria, el orgullo, etc. Es decir, representa el exceso.

[8] Se refiere a El Cid Campeador, héroe nacional de España, que luchó valientemente contra los moros.

APETITO	Hay tal donaire,° hay tal gracia,	*espíritu*
	¿yo había de madrugar?	
	Y más que me fui a acostar	
	casi a las dos de la noche	90
	cansado de mil fatigas.	

ALMA   ¿Dónde, Apetito, caminas?

APET.   Nunca me faltan mohinas,°   *enojos*
          pendencias° y disensiones;   *luchas*
          yo busco las ocasiones.   95

          ¿Qué he de hacer, soy hombre de hecho?[9]
          Nunca quedo satisfecho,
          mis deseos me consumen;
          que estoy contento presumen
          cuando todo lo deseo.   100
          Por cuanto veo, me muero;
          nunca se sacia mi ser.°   *mi persona*
          En esto, ¿qué puedo hacer
          si es ésta mi condición?
          Ea, dame colación;°   *comida que se le ofrece a un huésped*
          ¿Alma, por qué estás suspensa?   106
          Abre presto la despensa,
          que es hora de merendar.

ALMA   ¿Y si no puedes cenar?

APET.   Por eso haré media noche.[10]   110
          Ay, quién se fuera en un coche
          a pasear por El Prado.°   *un parque de Madrid*

---

[9] Significa un hombre "verdadero"; el que es luchador.

[10] Alma le ha planteado que si come ahora no podrá cenar más tarde. Apetito responde que esperará hasta la medianoche para cenar. A la vez, tiene el doble sentido de "media noche," un bocadillo.

	Notable gana me ha dado	
	de comer dos quesadillas.°	*pastel de queso y masa*
	¿Cuándo harás albondeguillas?°	*albóndigas (dim.)*
ALMA	Sosiégate, que estás loco.	116
APET.	Agora te pido poco,	
	que mucho más pediré.	
ALMA	Pues yo no te lo daré,	
	que me vas importunando.°	*molestando con una solicitud*
APET.	Tú quieres que esté ayunando,°	*sin comer*
	y estoy casi desmayado.	122
ALMA	¿Ya no te has desayunado[11]	
	con un poco de conserva?	
APET.	Para cuando estés enferma	125
	guarda esas reglas y agora	
	sácame de aquel pernil,°	*pierna de puerco*
	pues te lo invió mi madre	
	La Gula.	
ALMA	¿Hay donaire°	*espíritu*
	como tiene en el decir?	130
	Espera que por él° voy	*= pernil*
	y también por otras cosas.	
APET.	Pues mira que sean gustosas,	
	que estoy muy necesitado.	

Sale MORTIFICACIÓN

---

[11] Aquí significa "no has comido," puesto que, como se ha dicho antes, ya es tarde en el día.

MORT.	¡Oh villano mal mirado,	135
	a mis manos morirás!	
	¿Tan lejos me presumías?	
APET.	Éstas son costumbres mías.	
	Déjame, que a tu pesar,°	*disgusto (fig.)*
	con el Alma he de vivir.	140
MORT.	No lo tengo de sufrir;	
	Apetito, no porfíes.°	*insistas obstinadamente*
APET.	[a ALMA] ¿De oír aquesto no ríes?	
	Mira que es cosa graciosa	
	ver a una vieja enfadosa	145
	reñirme porque te asisto	
	porque te sirvo y regalo	
	y miro por tu salud.	
	[a MORT.] Madre, vuelva a su quietud	
	y déjenos, por su vida;	150
	por sí mire y no hará poco.	
MORT.	Eres, en fin, necio y loco,	
	y no te hacen resistencia.	
APET.	¿Y vos no tenéis paciencia	
	con tantas obligaciones	155
	como muestran tantos años?	
MORT.	De todos aquestos daños,	
	Alma, tienes tú la culpa,	
	y no admitiré disculpa°	*aceptaré excusa*
	si al Apetito no matas.	160
ALMA	¿Pues tú de aquesto me tratas°	*hablas*

siendo tan justa y tan santa?
¿Yo matar, qué es lo que dices?[12]

MORT.   Quedo°, no te escandalices.   *calma o espera*
        Escúchame y te diré   165
        que matar al Apetito
        es la acción más levantada,
        más feliz, más deseada
        de los justos y los santos.

APET.   De unos duelos y quebrantos[13]   170
        comiera yo una tortilla;
        si fuera de algorrobilla,[14]
        el tocino me agradara.

MORT.   Ten vergüenza en esa cara.

APET.   ¿Quiere ya dejarme, agüela?°   *abuela*

MORT.   No quiero sino que mueras.   176

APET.   Esas todas son quimeras.°   *cosas imaginadas*
        Alma, juguemos un rato,
        que tengo de dar barato°   *conceder algo en una disputa*
        a esta vieja temeraria,   180
        y con eso hará basquiña[15]

---

[12] A Alma no le parece correcto que una virtud (Mortificación) hable de matar a alguien.

[13] Se dice en Castilla de la tortilla de huevos y sesos (*RAE*).

[14] No se encuentra esta palabra en ningún diccionario. Parece probable que sea diminutivo de algarroba: "fruta del árbol llamado algarrobo. En Castilla se vendían las semillas en las tiendas por golosina para los muchachos" (Cov).

[15] Era una falda larga debajo de la cual las mujeres usaban el guardainfante, un armazón de alambres y cintas para dar amplitud (*DA*). Apetito le ofrece a Mortificación la ropa pensando de esta manera ganar su favor.

	al uso, con guardainfante.	
MORT.	No conoces, ignorante, que es mi gala° andar desnuda¹⁶ y que el frío me regala.	*mi placer, mi orgullo* 185
APET.	Así lo muestra esa cara que tenéis tan macilenta.° Esta mujer me atormenta, ¿quieres, Alma, despedilla?°	*descolorida* *despedirla*
ALMA	No me atrevo, que es honrada y la estiman, aunque pocos.	190
APET.	Y ésos deben de ser locos.	
MORT.	Los que te escuchan lo son.	
ALMA	Dime, Mortificación, lo que habías empezado de matar al Apetito.	195
APET.	Quiero dormir un poquito; yo me voy presto a la cama. Alma, también tú te duermes, agora aquesto te importa.	200
MORT.	De palabras soy muy corta, todo mi ser es obrar.	
APET.	Yo me quiero desnudar, que el calor me da fatiga.	

---

¹⁶ Mortificación responde a la oferta de Apetito de darle ropa con esta expresión simbólica. Recuerde que ella representa la negación del cuerpo y sus necesidades, estar despojada.

	¿Si habrán traído la nieve°?	*hielo*
	Si en verano no se bebe,	206
	no se pueden tolerar	
	las congojas y fatigas.	

Siéntase APETITO *como que duerme*

ALMA Por tu vida que me digas
esa historia que me admira   210
y pienso me importará.

MORT. En justicia original[17]
crïó Dios al primer hombre
tan exento° de trabajos   *libre*
cuanto alegre, rico y noble.   215
Dióle por habitación
un amenísimo bosque,
un jardín tan delicioso
que es la gloria° conforme,   *el cielo*
para que cultive y guarde;   220
el Paraíso le pone,°   *le llama*
y como dueño absoluto
continuamente le[18] goce,
y sobre todo animal
tenga dominio conforme.   225
Gozaba de suma paz;
sin rebelión las pasiones,
tranquilamente pasaba
la vida con su consorte.°   *esposa (Eva)*
Dióles Dios amplia licencia°   *permiso*
para que a su gusto corten   231
de las frutas y las coman

---

[17] Mortificación le enseña a Alma la historia de la creación del hombre en el jardín del Edén y el primer pecado.

[18] El pronombre de complemento indirecto se refiere al jardín (Paraíso).

sin límites ni excepciones.
Sólo les puso un precepto:
que de una fruta no tomen, 235
a lo menos, no la coman
so° pena de muerte inorme, *bajo*
para que estando obedientes
al Supremo Dueño° adoren, *Dios*
y felicidad y dichas 240
con siguridad se logren.
En prosperidades tantas
los dos amantes conformes,
pacíficos en sí mismos,
rendían° sus corazones *regalaron*
a su formador divino 246
con afectos y loores° *alabanzas o elogios*
cuando, en medio de esta paz,
la serpiente se interpone
y astutamente pregunta 250
por qué del árbol no comen.
Eva dice: porque ha puesto
mandato que no se corte
ni se coma de esta fruta;
y tememos no se enoje 255
el Señor que nos crïó
y como a ingratos nos borre
de su amistad, y castigue
como a aleves° y traidores. *rebeldes*
En fin, el Demonio usando 260
de mentiras y invenciones
persuadióles que, comiendo,
serían como unos dioses.
Ambición y golosina° *deseo (fig.)*
pudo hacer que así se arrojen 265
a quebrantar° un precepto *romper*
que un Dios tan grande les pone.

Comen la fruta, atrevidos,
y, al instante, las pasiones,
apetitos y sentidos   270
guerra publican a voces,°   *gritan en voz alta*
y todos, desordenados,
sólo en la maldad conformes,
sin vergüenza y sin piedad
acometieron° al hombre.   *atacaron*
Contarte yo sus trabajos,   276
decirte las aflicciones
que desde entonces padece,°   *sufre*
será intentar que se agote
el océano, y se cifre   280
en corta distancia el orbe.
Quedó su posteridad°   *generaciones posteriores*
sin haber en ella un noble,
pues como tristes villanos
pecho[19] pagan hoy los pobres,°   *desafortunados*
si no fue la siempre pura[20]   286
cuyo candor no conoce
en tiempo ninguno mancha,
claro día en quien no hay noche.
Desde aquel día fatal,   290
aherrojados[21] en prisiones
tienen a los miserables
sus mal vencidas pasiones.
Y entre todas, este aleve,°   *traidor = Apetito*
este crüel que se opone   295
con atrevimiento a mí,
es quien más les descompone.
Y el afligirle y matarle

---

[19] Tributo que pagaban los que no eran hidalgos
[20] Los vv. 286-289 se refieren a la Virgen María.
[21] Habla de aquellos puestos en prisión de hierros, en sentido simbólico. El hombre desde ese día ha sido prisionero de sus deseos y pasiones.

	es tan lícito y conforme	
	a toda vida perfecta	300
	que no habrá quien no lo abone°	*acredita por bien*
	de los que quieren oír	
	mis justísimas razones.	
ALMA	Admirada y suspendida	
	tu relación me ha dejado.	305
APET.	Yo pienso que me he dormido.	
	¿Qué historias habéis contado,	
	buena mujer, habéis dado	
	en referirnos novelas?	
	¿Aun Adán no está siguro,	310
	metido en su paraíso,	
	de vos?	
MORT.	Que no calles,	
	atrevido y sin respeto.	
	Alma, ¿por qué le consientes?°	*permites*
APET.	¿Mas, que le saco los dientes	315
	si algunos tiene en la boca?	
MORT.	Tú tienes vergüenza poca,	
	mejor dijera, ninguna.	
APET.	[a MORT.] No me acabe y me consuma;	
	váyase a roer sus santos,[22]	320
	que al Alma he de regalar.°	*dar placer*
	[a ALMA] ¿Quieres darme de almorzar?	
ALMA	Ten respeto a esta señora	

---

[22] *Roer sus santos* es una expresión cruda, apropiada a Apetito, que quiere decir "orar a sus santos."

	y háblala° con cortesía,	háblale
	que es muy espiritüal	325
	y, en fin, es mujer de prendas.°	buenas cualidades
APET.	Invenciones no me vendas	
	sino dame de comer	
	pues sabes mi condición,°	carácter
	y que Mortificación	330
	te hace llorar muchas veces.	
MORT.	Mis cuidados no mereces,	
	Alma, pues tanto te tardas	
	en despedir a ese loco.	
APET.	Todo lo tengo en muy poco,	335
	seria Mortificación,	
	pues el Alma de mí gusta	
	y a vos teme solamente.	
ALMA	Te quiero ser obediente,	
	Mortificación amiga,	340
	pero éste mucho me obliga;	
	no me puedo desasir°	deshacer
	su trato aunque quisiera.	
APET.	Si te salieras afuera	
	de mi trato y amistad,	345
	sin duda que te murieras.	
MORT.	Antes° cree que vivieras	al contrario
	con más gusto y libertad.	
ALMA	Notable perplijidad°	confusión
	me cerca, ahoga y consume.	350

| MORT. | Que eres infeliz presume, |
| | si al Apetito no matas. |

| APET. | Si a Mortificación tratas, |
| | yo te doy por miserable. |

ALMA	¡Oh, qué duda tan notable!	355
	¿Con quién tomaré consejo
	de lo que me está mejor?

| APET. | Alma, con el propio amor.²³ |

| MORT. | Alma, con la muerte y juicio.²⁴ |

ALMA	Todo me hace igual perjuicio.°	*daño*
	Si al Apetito me entrego	361
	enojaré a las virtudes
	que me conducenᵁ quietudes.	*traen*
	Si a la Mortificación
	doy en casa posesión,	365
	pasaré una vida triste.

| MORT. | Sólo el malo me resiste. |

| APET. | Sólo el bueno me aborrece. |

ALMA	Mucho mi congoja crece,
	y en tan penosa aflicción	370
	el tomar resolución
	será sólo mi remedio.

---

²³ Es decir, Alma debe decidir lo que es mejor sólo considerándose a sí misma y cómo satisfacerse.

²⁴ Mortificación responde que es mejor considerar su muerte y el Día del Juicio.

Mort.	Yo me pongo de por medio si me oyes y ejecutas lo que te aconsejaré.	375
Alma	Como yo pueda, sí haré, porque estoy tan afligida con estos remordimientos, que el Infierno y sus tormentos presumo que estoy pasando.	380
Mort.	Y yo estoy considerando que el Apetito lo causa.	
Alma	Si mi mal° no tiene pausa, mi vida se acabará.	*enfermedad*
Mort.	Sin duda que así será, Alma, si no te resuelves a vencer al Apetito y darle de mano° aprisa.	385 *no prestarle atención*
Alma	Lo que me importa me avisa, que ya veo que es lo justo.	390
Mort.	Darás a Dios mucho gusto y vivirás más contenta.	
Alma	El dejarle me atormenta, y tenerle me destruye.	
Mort.	De lo que es nocivo° huye, Alma, para la quietud.	*dañoso* 396
Alma	Si no abrazo la virtud, me condeno a eterno llanto.	

MORT.	¡Oh cuánto me gozo, cuánto	
	de verte desengañada,	400
	quiero decir, mejorada,	
	que aún te faltan más virtudes.	
ALMA	De todas mis inquietudes	
	conozco que soy la causa	
	porque sigo mis quereres.	405
MORT.	Si tú a ti misma no mueres,	
	morirás veces sin cuento.	
	Es de haber muerto argumento	
	el no sentir las pasiones	
	si puesta en las ocasiones	410
	valientemente peleas,	
	que es, Alma, lo que te toca.	
ALMA	Si el Apetito provoca,	
	¿qué he de hacer para no oírle?	
MORT.	Con viveza resistirle	415
	al principio, que él se irá.	
ALMA	¿Y si vuelve, porfiado?° *insistente*	
MORT.	Lo mismo que te he enseñado;	
	que en esta vida mortal	
	nunca deja de hacer guerra,	420
	que en estos vasos de tierra[25]	
	estás mal aposentada,° *situada*	
	como presa° y desterrada *prisionera*	

---

[25] Se llamaban *vasos* las arterias, venas y otros miembros interiores que contenían los humores. Aquí Mortificación se refiere al cuerpo temporal, hecho de tierra, en contraste con el espíritu.

de tu patria celestial.

APET. [*Aparte*²⁶] (Yo imagino algún gran mal 425
 que me quiere suceder;
 el Alma se va rindiendo,
 que ya Mortificación
 está gustosa y contenta.
 El ver esto me atormenta; 430
 qué haré para conservarme,
 que conciertan acabarme.° *matarme*
 Mas pienso que no podrán,
 que aunque me den mil heridas,
 tengo yo infinitas vidas 435
 y tantas resurrecciones.)

ALMA En grande aprieto° me pones, *dificultad*
 pero Dios me ha de ayudar
 y tu afable condición.

MORT. Muestra disimulación.²⁷ 440

ALMA Eres en todo discreta.

MORT. Hasta verte yo perfeta,
 tus caricias no recibo.

ALMA Si con ellas no te obligo,
 Mortificación amiga, 445
 ¿de qué tu gusto se obliga?

MORT. De tenerme en toda acción.

---

²⁶ Apetito empieza a hablar consigo mismo.
²⁷ Con referencia a Apetito, Mortificación le aconseja que no le preste atención.

ALMA	Procurarélo sin falta.	
MORT.	¿Buscas perfección muy alta? Pues, no me olvides jamás; todo bien alcanzarás, Alma, por este camino.	450
ALMA	Es lo acendrado° y lo fino, aqueso no tiene duda, pero aquesto de estar muda dime cómo podrá ser si soy moza y soy mujer, que me parece imposible.²⁸	*puro* 455
MORT.	El amor lo hará posible, y el deseo de salvarte.	460
ALMA	No quisiera replicarte sino obedecerte en todo pues veo lo que me importa.	
MORT.	Cuanto el Alma se remonta° a las cosas celestiales, tanto olvida las carnales° que antes solía estimar.	*se dirige* 465 *las [cosas] carnales*
ALMA	Yo me tengo de° fundar en rendirme a tus consejos y en estimar tu dotrina.°	*tengo que* *enseñanza*
MORT.	Con eso mejor se inclina el ánimo a padecer.°	471 *sufrir*

---

²⁸ SM hace referencia cómica a la creencia común con respecto a la mujer que no puede guardar silencio.

| ALMA | Cierto quisiera emprender | |
| | una vida singular.° | *especial* |

MORT.	La común puedes buscar	475
	y en ella perficionarte.	
	Esta ciencia y este arte	
	no consiste en cosas nuevas	
	ni en peregrinos° caminos;	*extraños*
	los comunes son divinos,	480
	tienen gran siguridad	
	y están libres de tropiezos,	
	de miedos y salteadores.[29]	

ALMA	Estos sentidos traidores,	
	con el Apetito aleve,°	*rebelde*
	me hacen gran contradición.	486

| MORT. | Trátalo con Oración | |
| | pues que te visita ya. | |

ALMA	Deseo tengo de vella.°	*verla*
	Jesús, ¡qué hermosa doncella,	490
	qué urbana y qué conversable!	
	Todo su trato es amable,	
	mostróme gran caricia,	
	y dijo que porque a ti	
	no te apartaba de mí,[30]	495
	pero que era necesario	
	tratar con Perseverancia,	
	y que huyese de Mudanza,°	*inconstancia*
	que tiene muy poco ser	
	y es mujer de prendas° pocas.	*cualidades positivas*

---

[29] Son los hombres que asaltaban a los viajeros en el camino para robarles.

[30] Alma explica que Oración le mostró *gran caricia* porque no separaba a Mortificación de ella.

	Sus palabras fueron pocas,	501
	mas llenas de amor divino;	
	facilitóme el camino	
	que inaccesibles pintaban	
	mis quereres mal domados.°	*controlados*

MORT. Echa a la boca candados° *cerraduras*
y no lo digas a nadie 507
los favores de Oración
ni lo que te enseña y dice,
porque° no te escandalice *para que*
quien no tuviere experiencia.[31] 511

ALMA Yo quiero, con tu licencia,° *permiso*
preguntarte algunas dudas,
que ha° días que lo deseo. *hace*

MORT. Como con ansias te veo 515
de anhelar a lo mejor,
escucharé con amor
y responderé con él° *amor*
a lo que me preguntares.

ALMA En mi estilo no repares, 520
que es grosero y sin primor.° *belleza*

MORT. Acompáñale de amor,
de verdad y sencillez,
que es la discreción que importa,
que esotros° son accidentes *esos otros*
de poquísima importancia. 526

---

[31] Mortificación le advierte a Alma que no hable de sus experiencias con Oración, especialmente sobre "los favores." En esa época, podía causar problemas a las mujeres religiosas si otros las denunciaban a la Inquisición por sugerir que habían tenido comunicación directamente con Dios.

| | Dime, Alma, lo que quisieres
con sencillo corazón. | |
|---|---|---|
| ALMA | Como saben que Oración
es liberal° y muy rica,
y ven que con ella trato,
y callo el bien que me hace,
por ingrata me tendrán
pues oculto sus mercedes. | *generosa*
531 |
| MORT. | Bien manifestarlas puedes,
mas no ha de ser con palabras
sino con la vida y obras.
Y todos entenderán
que eres muy agradecida
y que sabes estimar
el favor que se te hace;
mucho más se satisface
con obrar que con hablar.[32]
Y bien puedes preguntar
otra duda si se ofrece. | 535

540

545 |
| ALMA | Enseñada me parece
que quedo con tus palabras. | |
| MORT. | Cuanto con la Oración hablas,
haz cuenta que es confesión.
Tanto secreto conviene,
y no te parezca estremo. |
550
 |
| APET. | La proposición condeno,
pues es piadoso y aun justo | |

---

[32] A las dudas de Alma sobre el callar de favores de Dios, Mortificación le explica que es mejor expresar su agradecimiento en acciones, lo cual es superior a expresar su agradecimiento en palabras.

	alentar° a los hermanos	*animar*
	con pláticas semejantes.	555
MORT.	Eso, Apetito, a ignorantes	
	lo propón, y no a las dos.°	*(nosotras) dos*
	Y advierte, necio, que Dios	
	es amante, pero gusta	
	que se oculten sus caricias.	560
	Saberlo todo codicias	
	y así pretendes° se diga	*intentas (que)*
	sin que sea menester.	
ALMA	En todo te has de meter.	
	Ya que estoy desengañada,	565
	¿por qué no me dejarás?	
APET.	Despedirme no podrás	
	aunque tratas de virtud.	
	Yo entro en la mejor quietud,	
	en los santos ejercicios,	570
	en los divinos oficios,	
	en el coro y refitorio,°	*comedor*
	capítulo[33] y dormitorio,	
	y donde el Diablo no puede.	
	Allí busco algún relieve[34]	575
	para pasar mi carrera.	
	Pues, ¿qué queréis?, ¿qué me muera	
	de hambre? Vieja maldita,	
	buenos bocados me quita	
	doña Mortificación;	580
	mas yo la hago lindos saltos°	*robos*
	en toda cosa o acción.	

---

[33] Es la reunión de la comunidad en que votan, toman decisiones, hablan sobre asuntos importantes, etc.

[34] Son "las sobras que se levantan de la mesa" (Cov).

	También busco en la Oración	
	mi gusto y comodidad.	
	De todo lleno mi alforja:	585
	de la seglar,³⁵ de la monja,	
	mas ésta me da más gusto.	
	Más estimo yo que un justo	
	me dé un poquito de entrada	
	y me tenga voluntad	590
	que toda la cantidad	
	de pecadores corsarios°	*piratas*
	que se dan a sus contentos.	
	Más quiero de los conventos	
	sacar una niñería,° ³⁶	*acción necia*
	un bocadillo sin orden,	596
	un mirar no necesario,	
	una pregunta escusada,	
	o vana curiosidad,	
	un hablar sin reparar.	600
	Una acción menos compuesta	
	más me suele regalar,	
	y recibe mayor gusto	
	mi insaciable paladar.°	*gusto*
ALMA	Notable pena me ha dado,	605
	Mortificación, amiga,	
	el discurso de este loco.	
MORT.	Ten sus discursos en poco	
	si no te apartas de mí	
	y me obedeces en todo.	610

---

³⁵ Es la mujer que no ha entrado en una orden religiosa.

³⁶ En los vv. 595-601 SM presenta una lista de unos posibles errores que puede cometer una monja. Apetito está diciendo que son las acciones que más gusto le dan.

ALMA	Astutísimo es su modo; apenas se escapará el más diestro de sus trazas° y halagüeñas° falsedades.	*métodos* *suaves*
APET.	Cuantas digo son verdades.	615
MORT.	Dios te consuma y acabe.°	*mate*
APET.	Alma, conmigo no vale retirarse ni esconderse; seguiréte hasta la cruz.	
ALMA	Espero de Dios la luz para librarme de ti. Pero, ¿cómo a la cruz vas si la aborreces° y afrentas?°	620 *odias; deshonras*
APET.	No me pidas tantas cuentas,° aunque yo te lo diré: apetezco en los trabajos la honra y honor que dan y lo que después se sigue, que es el descanso y quietud, y con esto, la virtud queda de menos quilates y mi estómago contento.	*explicaciones* 625 630
ALMA	Oírte me da tormento, Dios me defienda de ti.	
APET.	Piensa que tarde será.	635
ALMA	Mortificación lo hará.	

| MORT. | Sin duda, si me conservas
en tu casa y a tu lado. | |
| --- | --- | --- |
| ALMA | Gran confianza me ha dado
que he de conseguir victoria. | 640 |
| MORT. | Darás a Dios grande gloria
si triunfas del Apetito. | |
| APET. | Déjame hablar un poquito,
que me muero por decirte
un cuentecillo° extremado°
que me contaron ayer. | *chisme (fig.); excesivo*

646 |
| ALMA | Eso ya no puede ser,
que no gusto de mentiras.
Donde quisieres lo digas,
que en mi afecto y voluntad
sólo vive la verdad,
que lo demás es locura. | 650 |
| APET. | Así tenga yo ventura°
como entraré de otra suerte.° | *suerte*
manera |
| ALMA | Por eso te daré muerte. | 655 |
| APET. | Que soy inmortal advierte,
y no podrás acabarme.° | *matarme* |
| ALMA | Por eso sabré librarme,
con la Mortificación
y con mi amiga Oración. | 660 |
| APET. | Pues ahí podré encajarme.°
Ya te he dicho que en lo bueno | *entrarme* |

	y en lo santo tengo entrada,	
	que no habrá puerta cerrada	
	al Apetito ingenioso.	665
MORT.	¡Oh villano malicioso!,	
	aunque eres astuto y fuerte,	
	el Alma te dará muerte	
	con mi ayuda y otras dos	
	mis amigas, y de Dios,	670
	con cuyo favor se hará:	
	morirás a nuestras manos.	
APET.	Aquesos son cuentos vanos:	
	haré resistencia a todos:	
	nadie se ponga delante,	675
	que a nadie tendré respeto.	
ALMA	Eres, como vil, inquieto,	
	importuno° y muy pesado.	*molesto*
APET.	En buena tema habéis dado,[37]	
	pero yo me vengaré.	680
ALMA	Mortificación, ¿qué haré	
	para que no me dé enojos?	
MORT.	Nunca le vuelvas los ojos,	
	y sufre° todas sus voces.°	*aguanta; palabras*
ALMA	Ya mi inconstancia conoces,	685
	yo la veo y eso temo,	
	que es en el fingir sutil	
	y primoroso° en engaños.	*ingenioso*

---

[37] "Dar en buena tema" quiere decir mostrar una actitud arbitraria y no razonada (*RAE*).

MORT.	Advertidos esos daños,	
	no puede salir con nada.	690
	Y para mayor defensa,	
	yo te traeré con quien puedas	
	librarte de sus quimeras,°	*cosas imaginadas*
	como te dije otra vez.	
ALMA	¿Es tu hermana Desnudez,[38]	695
	que ha° mucho que la deseo?	*hace*
	Y cierto que ya me admira°	*sorprende*
	ver que de mí se retira,	
	deseándola servir	
	y viviendo tú en mi casa,	700
	que eres su hermana mayor.	
MORT.	Aguarda que seas mejor	
	para así poder hablarte,	
	que no podrá aprovecharte	
	su modo tan levantado°	*elevado*
	si no has mucho aprovechado	706
	en la santa Perfección.	
ALMA	¿No comunico a Oración,	
	que es tan pura y fervorosa?	
MORT.	Desnudez es otra cosa,	710
	y consíguenla muy raros.	
	¿Piensas que a todos se fía?	
APET.	[*Aparte*] (Bueno está, por vida mía;	
	no venga la Desnudez,	
	que la temo más que al fuego.	715

---

[38] El nombre sugiere varias asociaciones en términos religiosos como la sencillez, la simplicidad, la luz y la claridad.

	A la muerte me prevengo°	*me preparo*
	si ella entrare por aquí.)	
ALMA	Que no se tarde la di,	
	porque riña al Apetito.	
APET.	Yo te pediré poquito,	720
	Alma: no invíes por ella,	
	que en sólo pensarlo tiemblo,	
	porque nadie me destruye	
	mi ser como Desnudez.	
ALMA	Luego vendrás otra vez	725
	y otras mil a importunarme.°	*molestarme*
	No hay remedio, que a vengarme	
	de tu grande tiranía	
	vendrá, por más que te aflijas	
	y llores desventurado.°	*desafortunado*
APET.	Muy buen galardón[39] me has dado	731
	por los placeres y gustos	
	que siempre te he procurado.	
ALMA	Por los tormentos, dirás,	
	que siempre me ocasionaste.°	*causaste*
	Dime, Mortificación,	736
	¿cuándo será la ocasión	
	para que venga tu hermana?	
MORT.	Presumo será mañana;	
	¿qué tienes de prevención?°	*preparación*
ALMA	Un ansioso corazón	741

---

[39] Premio de los méritos o servicios, especialmente algo que solía regalarle una dama a su caballero en la tradición del amor cortesano. Apetito lo dice con sarcasmo.

	de darla entrada en mi pecho.	
MORT.	Con eso, dalo por hecho,	
	que la buena voluntad	
	es posada muy gustosa.	745
APET.	Mira que es muy melindrosa°	*excesivamente delicada*
	y no la podrás sufrir.°	*aguantar*
ALMA	El acertarla a servir	
	es lo que me da cuidado.°	*me preocupa*

Entra DESNUDEZ

DESNUDEZ	Muy grande prisa me he dado	750
	por venir a visitarte.	
	Llamáronme en otra parte	
	de muchas obligaciones,	
	y las dejo por oírte.	
ALMA	¿Cómo podré yo servirte	755
	las grandes° en que me pones	*las [obligaciones] grandes*
	y las que tengo a tu hermana?	
DESN.	En la bondad soberana	
	confía, que sí podrás,	
	y con eso nos tendrás	760
	a las dos muy de tu parte	
	para ayudar tus intentos	
	y librarte de este necio.	
APET.	En tratarme con desprecio	
	funda todo su saber.	765
DESN.	Ningún mal te podrá hacer	

| | como yo te asista y guarde.
| | Delante de mí es cobarde,
| | todas sus fuerzas se acaban
| | y su poder enflaquece. | 770

ALMA   Que le destruyas merece.

DESN.   Alma, ten buen corazón,
comunica a la Oración
y no me pierdas de vista.
Y el mundo todo te embista°   *te ataque*
que de todo triunfarás,   776
y del Apetito, más.

ALMA   Mi miedo alentando vas,
porque me habían contado
que eras severa, intratable.   780

DESN.   Mi condición es afable
para los que me conocen
y aborrecen este mundo
con todas sus pretensiones,
pareceres y opiniones,   785
y a Dios buscan solamente
sin apego o interés.°   *motivo egoísta*

ALMA   Muy difícil pienso que es.

DESN.   Sí, pero todo se puede
en Aquél° que nos conforta.   *Dios*

MORT.   Desnudez, ¿por qué andas corta   791
en decir a lo que vienes?
Paréceme que previenes°   *preparas*
mucha dotrina° y estrecha.°   *enseñanza; difícil*

Desn.	Siempre yo la traigo hecha,	795
	no tengo que prevenir.°	*prepararme*
	Pero quiero antes decir	
	otras cosas de importancia	
	que sirvan de introducción	799
	a mi plática y discurso.	
Apet.	No tienes aquí concurso°	*competencia*
	para hacer ese sermón,	
	que somos aquí muy pocos	
	y estamos mal avenidos°	*acordados*
	después que tú entraste acá.	805
Desn.	Después se conocerá	
	con más claridad que ahora	
	lo que te aflijo y consumo.	
Alma	Que está llorando[40] presumo,	
	no sé si de rabia o miedo.	810
	Desnudez, ¿qué te parece?	
Desn.	Que de verme aquí perece;°	*muere*
	presto morirá del todo.	
	Es necesario buen modo	
	para acabarle y vencerle.	815
Alma	Dejemos al Apetito,	
	que ya tiene poca fuerza,	
	y a referirme comienza,	
	pues que me lo prometiste,	
	Desnudez, a qué veniste	820
	y algo de tu descendencia,	
	que de todo sacaré	

---

[40] Alma describe a Apetito.

aprovechamiento igual.

APET.   [*Aparte*] No puede ser mayor mal;
        ya comienza Desnudez.   825
        Yo me he puesto cual la pez[41]
        de congojas° y aflicciones.   *angustias*

ALMA   De tus discretas razones°   *explicaciones*
        sacaré provecho y gusto.

DESN.   Lo que me pides es justo   830
        pues que lo quieres saber
        para abrazar las virtudes
        con mayor viveza en todo.
        Y así escucha, y te diré
        mi origen y mi linaje   835
        con lisura y brevedad
        porque así mejor te cuadre.°   *preste atención (fig.)*

ALMA   ¿Cómo se llama tu padre?

DESN.   Desprecio de lo Crïado.

ALMA   ¿Y tu madre?

DESN.   La Pureza;   840
        honestísima y hermosa,
        en todo justa y piadosa.

ALMA   ¿Y naciste tú primero?

DESN.   Antes Mortificación,

---

[41] La resina negra que se saca de los pinos (Cov). Es decir, al escuchar a Desnudez, Apetito, metafóricamente, se ha puesto "negro" de angustias.

                    la sigunda fue Oración, 845
                    y yo nací la tercera.
                    Mas todas tan parecidas,
                    tan concordes, tan unidas,
                    que una sola parecemos
                    y nunca nos apartamos. 850
                    Que si algunos presumieren
                    que tratan con Oración
                    y de las dos no hacen caso,
                    digo que engañados viven
                    y poco fruto consiguen 855
                    que tenga sustancia y ser
                    porque ¿cómo puede ser
                    que traten con Oración
                    sin que Mortificación
                    y yo les asista y rija?° *guíe*
                    ¿Quién habrá que los corrija, 861
                    que los encamine bien?
                    Que mi hermana la Oración
                    sin nosotras no se halla,
                    y muy presto se despide 865
                    por ir a ver dónde estamos.
                    Siempre andamos de las manos
                    sin podernos dividir
                    aunque muchos lo pretenden.° *intentan*
                    Y cierto que no se entienden, 870
                    porque nunca acabarán
                    de conseguir sus deseos.
                    Deseos, ¡oh, qué mal dije!,
                    que veleidades° se llaman, *caprichos*
                    que es querer y no querer. 875

ALMA   ¿Cómo puede aqueso ser?

DESN.   De esta manera será:

| | cuando las virtudes ven
tan apacibles y hermosas,
quieren alcanzar gozosas
lo gustoso y apacible;
mas cuando ven lo terrible,
dificultoso y amargo,
enfríanse los deseos
que tanto los entretienen,
y así, quieren y no quieren. | 880

885 |
|--------|---|---|
| Alma | Yo voy adquiriendo luz. | |
| Desn. | Para que abraces la cruz
te voy Alma, disponiendo,
que es mi principal intento,
y que el trabajo y tormento
sea tu dulce manjar.⁴² | 890 |
| Alma | Eso se entiende de gustos
ilícitos y dañosos
de este miserable mundo,
y de lícitos también,
como tu hermana me enseña,
mas no de los celestiales,
tan puros y venerables
con que tu hermana Oración
alegra mi corazón
y me quita los pesares.° | 895

900

dolores |
| Desn. | En deleites no repares°
aunque sean más divinos.
Esto pretendo quitarte,
ésta es la ciencia y el arte | *te fijes*

905 |

---

⁴² Literalmente significa comida, pero aquí por extensión incluye a todo lo necesario para vivir.

	que enseña la Desnudez;	
	no te lo diga otra vez.	
	Tan desasida[43] has de estar,	
	tan sin jugo y sin arrimo,	910
	que si fuere tu camino	
	todo sembrado de abrojos,	
	de espinas y de malezas,	
	camines como por flores	
	y como antes caminabas	915
	cuando regalada estabas.	
	Esto es, Alma, lo siguro,	
	lo más puro y acendrado.°	*espiritual*
MORT.	Parece te has congojado,	
	y que te has entristecido.	920
ALMA	Algún tanto me ha afligido	
	porque presumía yo	
	que podía consolarme	
	con los regalos de Dios.	
DESN.	Consolarte muy bien puedes,	925
	pero desearlos no,	
	ni tampoco detenerte	
	en su dulzura o sabor,	
	que fuera dejar el dueño°	*Dios (fig.)*
	por estar mirando el don.°	*regalo*
	Para crecer y medrar°	*mejorar*
	en el camino interior:	932
	afectar poco los gustos	
	y buscar desnudo amor,	
	y sin criado interés,	935

---

[43] Desnudez explica que para llegar a la perfección espiritual es necesario separarse de las sensaciones del cuerpo. Es decir, la monja debe "vivir" en el espíritu hasta tal punto que ni note los dolores normales del ser humano.

sólo por el mismo Dios
abrazar todo trabajo,
todo tormento y dolor.
Quiere Dios amantes finos
que con brío° y con valor *espíritu*
le sirven muy a su costa 941
sin salario y sin ración,
mas a nadie se la niega
este liberal° señor. *generoso*
Las almas interesadas 945
que por gustos y sabor
buscan a Dios y le sirven
selladas de esta afición,
en lo mismo que pretenden
reciben su galardón.° *premio*
No saldrán jamás de niñas, 951
que el esforzado varón
sólo sirve por servir
y da su amor por amor;
y a quien sabe este camino 955
de desnudez y aflición
más le estima y más le ama
que otros de consolación.
Esta vida es un instante,
y siempre va tan veloz 960
que aunque se viva muriendo,
penas brevísimas son.
Siempre te aconsejaré
que anheles° a lo mejor, *desees*
que emprender grandes empresas 965
es de un grande corazón.

ALMA   Alentado tengo el mío,
       Desnudez, para el trabajo.

MORT.	Es echar por el atajo,[44]	
	sufrir mucho y mucho amar.	970
DESN.	Sin duda que ha de costar	
	lo que tanto importa tanto.	
ALMA	Si con esto me adelanto	
	en el servicio de Dios,	
	yo lo deberé a las dos.	975
APET.	¿Y a mí nada me debéis?	
ALMA	Mérito, si te resisto.	
APET.	Y cuando como y me visto,	
	¿no os soy de provecho en esto?	
DESN.	El tomar por Dios lo honesto	980
	y necesario a la vida	
	en el vestido y comida,	
	es muy bueno y conveniente	
	mas no por el Apetito.	
APET.	¿De gusto no habrá un tantito	985
	algún condumio,° una salsa	*comida*
	para alentarse a comer?	
DESN.	Todo eso se puede hacer,	
	necio, por dar gusto a Dios	
	si hubiere necesidad.	990
APET.	Por amor de mí ha de ser;	
	el alma puede comer,	

---

[44] Esta expresión significa "emplear medio por donde salir brevemente de cualquier dificultad o mal paso" (*RAE*).

	hablar, reír y mirar.	
Mort.	Ya empiezas a delirar, mas no tienes tú la culpa sino quien aquí te tiene.	995
Desn.	Despedirle no conviene; matarle será mejor porque volverá mil veces.	
Apet.	Antes que a matarme empieces, escúchame dos razones° pues tienes obligaciones tan grandes a mis parientes los afectos y sentidos, que todos te están rendidos y tan sujetos están, que yo no te pido cosa, ni jamás la pediré, que a ti te sea dañosa. Para ir a la perfección sólo quiero que Oración te dé algunos regalillos,° algunas lágrimas tiernas para que apresures más el paso, y llegues más presto al fin, que es la perfección.	1000 *palabras* 1005 1010 *regalos (dim.)* 1015
Alma	Muy bien fundas tu razón; pregúntale a Desnudez qué le parece de aquesto que en tu favor has propuesto, porque ella me ha de güiar.	 1020
Apet.	Ella me ha de desollar;°	*arrancar la piel*

	yo llego con gran temor.	
	Desnudez, ya estoy mejor,	
	trato ya de reformar	1025
	mis costumbres y mi vida.	
	Así la tengas cumplida	
	que hagamos las amistades;	
	también lo desea el Alma.	

DESN. Muy mal llevará la palma°   *no ganará la victoria*
       si no te diere la muerte.   1030

ALMA Que está convertido advierte.

DESN. ¿Convertido? En sus maldades.

APET. Cierto que digo verdades.

DESN. Cierto que yo no las creo,   1035
       que penetro tus intentos.
       Sólo vide° yo contentos   *vi*
       y gustos en lo divino,
       pues ése es muy mal camino
       y no quiero que le ande   1040
       el Alma que está desnuda,
       que el Apetito se muda°   *se cambia*
       pero, en fin, queda Apetito.

APET. ¿Ni desear un tantito°   *poco*
       de consolación me dejas?   1045
       Notable riguridad.°   *rigor*

DESN. Aquesta severidad
       y estremada desnudez
       hace que el Alma otra vez
       se vista de la inocencia.   1050

APET.	Dame siquiera licencia°	*permiso*
	para poder desear	
	los dones° más soberanos.	*regalos*
DESN.	No tienes limpias las manos,	
	todo lo ensucias y manchas,	1055
	y todo lo descompones.	
APET.	¿Que no valgan mis razones	
	siendo de cosas perfectas?	
DESN.	Tú las haces imperfectas	
	con la intención, Apetito.	1060
MORT.	Si de esta vez no le quito	
	la vida, muy mal haré.	
APET.	Pues, dime tú, ¿en qué pequé?	
MORT.	En querernos engañar	
	con la capa de virtud	1065
	y mostrártenos devoto.	
APET.	De fingir estoy remoto,	
	que soy sencillo y muy llano.	
DESN.	No mientas tanto, villano,	
	pues ves que te conocemos.	1070
APET.	A fe que nos pone buenos	
	el buscar el buen camino.	
	y aun no me siento mohino;°	*deprimido*
	cierto que estoy adelante,	
	pero nada les contenta.	1075

| | Quiéroles dar otra cuenta
de mis deseos y afectos;
conocerán cuán perfectos
son mis intentos en todo.
Podrá ser que, de este modo,
les pueda caer en gracia. | 1080 |
|---|---|---|
| DESN. | Como es tanta tu desgracia,
téngolo por imposible. | |
| APET. | No esté vusted° tan terrible,
señora doña Desnuda,
que soy hombre bien nacido. | *usted*
1085 |
| MORT. | En todo cuanto has mentido,
nunca ha sido como ahora. | |
| APET. | Cierto, cierto, mi señora,
que vusté poco me adula. | 1090 |
| MORT. | Si eres hijo de la Gula,
que es tu madre y te ha crïado,
y tu padre fue el Pecado,
¿por qué alabas tu linaje? | 1095 |
| APET. | No es justo que así me ultraje,
que mi madre es poderosa,
gruesa, rica y muy hermosa.
¿Quieres saber otra cosa?
Pues es mujer de gran fama,
todo el mundo la conoce. | 1100 |
| DESN. | Y viene su descendencia
de aquella desobediencia | |

de la primera mujer.⁴⁵

APET. Muchos procuran tener
en sus casas a mi madre. 1105
Pues, ¿qué diré de mi padre,
mi señora Desnudez?
En toda la redondez
de la tierra tiene nombre.
Y de esto nadie se asombre: 1110
todos tributo le han dado.

DESN. Bien dices, porque al pecado
todos le fueron sujetos
si no fue Cristo y su madre.⁴⁶

ALMA Tú tienes honrado padre, 1115
bien tienes de qué gloriarte.⁴⁷

APET. Si no en ésta, en otra parte
recibo dones° por él. *regalos*

ALMA ¿Y agrádante aquesos dones
ahora que estás tan devoto? 1120

APET. Cuando me veo muy roto,
no dejo de repararme.

DESN. Ya comienzo yo a cansarme
de oír tantos desvaríos
y locuras sin cesar. 1125

---

⁴⁵ Se refiere al pecado original de Eva que dio luz a la gula y a los otros pecados mortales.

⁴⁶ Según la doctrina católica, Cristo y la Virgen María son los únicos seres humanos concebidos sin pecado.

⁴⁷ Alma habla con sarcasmo.

APET.	Mejor fuera comenzar
	a darme algún ejercicio
	devoto para este tiempo
	de la santa cuarentena.⁴⁸

DESN.	La cabeza tienes buena;	1130
	calla, loco, que me enfado.	

MORT. ¿Que en tal frenesí haya dado?

ALMA Mejor será que te rías.

APET.	Estas son desdichas mías;	
	que la virtud no aproveche,	1135
	¿hay desgracia como aquésta?	

DESN.	Tu maldad es manifiesta.
	No nos canses y te canses,
	o vete o la boca cierra.

ALMA	¿Cuándo cesará esta guerra?	1140
	Que cierto que es muy pesada.	

APET.	Quiero mudar de posada,°	*cambiar de casa*
	que en ésta me va muy mal.	

MORT. Vete, Apetito bestial.

DESN.	Antes se pinta devoto	1145
	y virtüoso se hace.	

APET. ¡Que nada te satisface!

---

⁴⁸ Se refiere a la Cuaresma, los 40 días en el calendario cristiano entre el Miércoles de Ceniza y la Pascua Florida.

Oye sólo dos palabras...

DESN. ¡Que aun todavía me hablas!
Tú, mi paciencia provocas. 1150
Todas son vanas y locas,
y así no las quiero oír.

APET. Quiéresme dejar morir,
que si callo, será cierto.

ALMA Ya te habías de haber muerto. 1155
¿Hay tan fuerte pelear
como el de aqueste destierro
con pasiones y Apetito?
Dios me saque de esta vida.

APET. Détela el cielo cumplida, 1160
Alma, para que yo viva,
que eres todo mi conhorte.° *consuelo*

DESN. Nadie habrá que me reporte:° *alcance*
yo le tengo de matar,
ya esto no puede pasar; 1165
la maldad llegó a su punto.

Llega DESNUDEZ y hace que ahoga a APETITO

ALMA Ya Apetito está difunto.

DESN. No creo yo que lo está;
doyle otra vuelta. 1170

APET. ¡Ay, ay!, que me mata Desnudez,
que me acaba; ya soy muerto.

| ALMA | Enterrémosle en el güerto° | huerto |
| | porque no viva otra vez. | |

| MORT. | Sospecho que vivo está | 1175 |
| | y se hace mortecino.° | se finge estar muerto |

| DESN. | Su miserable destino | |
| | le ha traído a nuestras manos. | |

| ALMA | Quiera Dios que nos veamos | |
| | libres de su tiranía. | 1180 |

DESN. Tan presto, no lo asiguro,
que suele resucitar
aun después de muchos años
que le tenían por muerto.
Por eso, Alma, te advierto   1185
que vivas con más cuidado,
no te coja divertida°   *distraída*
y te dé mayor herida
por vengarse, y por querer
introducirse° mejor.   *entrarse*

ALMA No podía ser mayor   1191
mi trabajo si él viviese;
Dios permita no suceda.
¡Qué contenta estoy sin él,
con qué quietud y sosiego!   1195
Sólo me congoja el miedo
no vuelva a resucitar.

DESN. Volverémosle a matar.

ALMA ¿No hay más que andarse en pendencias?°   *riñas*
Por tu vida, no lo digas.   1200

DESN.   ¿Que estás en vida no miras,
        que es guerra sobre la tierra?
        En lo más bajo te encierra,
        a lo más alto te sube.
        Mientras en la carne estás,   1205
        estas peleas tendrás;
        por eso anímate, Alma,
        que no llevarás la palma°   ganarás la victoria
        si no peleares siempre
        sin que ceses un instante.   1210
        No estés en esto ignorante
        sino armada de paciencia,
        de valor y de esperanza.
        Briosa° empuña la lanza,   valiente
        airosa embraza el broquel,⁴⁹   1215
        ponte la espada en la cinta
        y en un gran campo te pinta
        de fortísimos guerreros,
        peones y mosqueteros,⁵⁰
        gente de a pie y de a caballo.   1220
        Todos te provocarán
        y la bala tirarán,
        ya el mosquetazo° y la flecha,   el tiro del mosquete
        ya el tiro de artillería,
        y todo con gallardía   1225
        te embestirá° sin cesar.   te atacará
        Y tú con sólo callar
        y orar en tu corazón,
        alcanzarás la victoria.
        Será para Dios la gloria,   1230

---

⁴⁹ Es "un arma defensiva, especie de rodela o escudo redondo, hecha de madera" (*DA*).

⁵⁰ Son los que manejaban el mosquete, arma de fuego antigua que se apoyaba sobre una horquilla para dispararla (*DA*).

	los despojos para ti,
	quiero decir, la ganancia.
	Si [a] aquesto no se abalanza
	tu tímido corazón,
	jamás saldrás de cobarde. 1235

ALMA El cielo, amiga, te guarde
que ya con tu exhortación
estoy con mejor aliento.
Son tus palabras fomento
que animan en los desmayos, 1240
son de fuego, y así encienden,
y aunque soy débil, me prenden
y hacen notables efectos.

MORT. Esto pasan los perfectos
para haber de conseguir 1245
un fin tan alto y dichoso.

ALMA Aquel día venturoso°   *de buena suerte*
en que conocí a las dos,
¿qué servicios hice a Dios
para que me amaneciese? 1250

DESN. Querer el Señor que fuese,
sólo por ser él quien es.
No busques otra razón,
y ésta ten en tu memoria:
sólo su misericordia 1255
es causa de tu remedio.[51]

ALMA Sin duda es süave medio
éste de considerar

---

[51] Se refiere a la muerte de Jesucristo que nos salva del infierno y nos otorga la vida eterna.

| | lo que ha hecho este señor
| | para darle nuestro amor   1260
| | y encendernos en el suyo;
| | sólo por amante pudo
| | hacer finezas° iguales.   *afectos*

DESN.   Que poco sabes y vales
         es bueno considerar   1265
         para mejor conservar
         la humildad, que tanto importa
         como la rica pobreza.
         Siempre a estimarlas[52] empieza,
         que consiste en estimarlas,
         Alma, tomar sus consejos   1270
         e imitarla[s] sus acciones.

ALMA   En todo reglas me pones
         de la mayor importancia;
         quiera Dios que yo las guarde.

DESN.   No me pesa que cobarde   1275
         te juzgues en estas cosas
         que es indicio de humildad
         en que deseo te fundes.

ALMA   Paréceme que me infundes
         tu espíritu, Desnudez.   1280

DESN.   Ya te lo digo otra vez
         y otras muchas lo diré.
         Si pretendes levantar
         muy en alto el edificio
         de virtud y santidad,   1285

---

[52] Los vv. 255-56 se refieren a la humildad y la pobreza, dos de los votos fundamentales de las Trinitarias Descalzas. El tercer voto es la castidad.

           ahóndate en la humildad.
           Pon en tu nada tu asiento,
           y nada te dé contento
           que no te lleve a la nada,
           esta nada sea tu todo,   1290
           todo te ponga en tu nada
           y contino° retirada,   *de continuo*
           sea la nada tu centro.[53]
           De todas las crïaturas,
           sólo toma lo forzoso,   1295
           y aquello te sea sabroso
           que tiene menos sabor.
           Con un general amor
           amarás a las criaturas
           y tanto más las querrás   1300
           cuanto tanto de ellas huyas.
           Harásles todo aquel bien
           que tus fuerzas alcanzaren,
           y aquesto conseguirás
           cuando más te retirares;   1305
           procures agradarlas
           a costa de imperfección,
           que es muy costosa caricia,
           y se ofende el Crïador.°   *Dios*

ALMA   No sé cómo pueda darte   1310
           gracias por tantos favores.

DESN.   Las gracias serán mejores
           que me puedes ofrecer,
           procurando obedecer.

---

[53] Esta lección de Desnudez se basa en el concepto de opuestos binarios, un tropo común de la poesía mística. Para llegar a lo alto (al cielo) es necesario empezar en el lugar más bajo de la humildad, para salvarse hay que rendirse, etc.

| ALMA | En Dios, amiga, lo fío, | 1315 |
| | que su gracia me ha de dar. | |

MORT. ¿Quién pudiera tal pensar?
Mirad que ha resucitado
el Apetito otra vez.

ALMA   ¡Ay, amiga Desnudez!   1320
        ¿Qué es esto que ha sucedido?
        Sin aliento me he quedado.

DESN.   Presumías que acabado
        estaba ya tu combate?

ALMA   Mucho el corazón me late   1325
        de susto; no puedo hablar.

MORT.   ¿Pues qué querías, pasar
        sin contradicción la vida?
        Aqueso es para la otra,⁵⁴
        que en ésta hay muchos contrarios   1330
        extraordinarios y varios,
        ya de adentro, ya de afuera,
        ya domésticos, ya estraños;°   *extranjeros*
        y tú misma para ti
        eres contraria, y no poco.   1335

ALMA   Que esté vivo aqueste loco,
        cierto siempre lo temí.
        ¡Con qué consuelo he vivido,
        y con qué paz he pasado
        el tiempo que estuvo muerto!   1340

Vuelve APETITO

---

⁵⁴ Es decir, la vida eterna más allá de la muerte.

APET.	Todo lo tengo por cierto,	
	pero ya he resucitado.	
	Y como enterrado he estado	
	y estaba la tierra helada,	
	me ha hecho notable daño	1345
	y estoy muy acatarrado,°	*resfriado o con catarro*
	y he menester muchas cosas	
	sazonadas y sabrosas	
	para templar° esta tos	*calmar*
	que me da notable pena.	1350
	Una gallina muy buena	
	traigan, que estoy en ayunas,°	*sin comer*
	unas buenas aceitunas	
	cordobesas y sin güeso.°	*hueso*
	Acaben, ¿no van por eso,	1355
	no las mueve caridad	
	con este resucitado?	
MORT.	Cierto que te has levantado	
	del sepulcro con aliento.	
APET.	Tráiganme presto alimento,	1360
	que ya no puedo esperar.	
ALMA	Basta, que quiere sacar	
	por pleito le den regalos.	
	El mirarle es maravilla.	
APET.	Quisiera que una morcilla	1365
	me hicieran, y un rellenico;[55]	
	no le hagan pequeñico,°	*pequeño (dim.)*
	que es sin límite mi hambre.	

---

[55] Es el diminutivo de relleno, "un guiso de carne picada, huevo y otros ingredientes que se echan en una tripa, pepino o calabaza" (*DA*).

| | Alguna cosa fiambre
quisiera, y una ensalada
de tomates y pepinos.
¿Cuántas maneras de vinos
han entrado en la despensa? | 1370 |

| Alma | ¿Que ninguna cosa venza
al Apetito insaciable? | 1375 |

| Desn. | ¿Que tan sin vergüenza hable? | |

| Alma | Aqueso es lo que me encanta. | |

| Apet. | ¿Que ninguna se adelanta
para mi necesidad?
Cierto que me admiro° mucho. | *sorprende* |

| Alma | Con que grande enojo le escucho;
consuélome con no darle
nada de cuanto pidiere
aunque se haga todo bocas.⁵⁶ | 1381 |

| Apet. | O están necias o están locas.
¡Ah, buena gente! ¿A quién digo?
Tráiganme siquiera un higo,
una almendra o una pasa.
Llamen a las provisoras;⁵⁷
peor que peor será
porque son de la miseria
quinta esencia y punto más. | 1385

1390 |

---

⁵⁶ Esta expresión aún se usa hoy para significar el deseo de comer alguna cosa.

⁵⁷ Las provisoras son las monjas responsables de la distribución de la comida. Tenían fama de tacañas en cuanto a ella como dice Apetito en los vv. 1390-92.

ALMA	No se habrá visto jamás tan grande disolución.	
APET.	¿No me traen colación?° Y sea muy blanca y fina, porque no la gustaré si no fuere la mejor.	comida 1396
ALMA	¿Hay tan notable hablador?	
DESN.	No le respondas ni mires, Dios tiene en esto sus fines; a su tiempo morirá sin otra resurrección.	1400
APET.	Engáñala la afición que me tiene su mercé, y yo resucitaré. Tengo más vidas que un gato; prueben a matarme, pues.	1405
ALMA	Que hace burla, ¿no lo ves? Desnudez, ¿qué te detiene?	1410
DESN.	Por agora no conviene; no le oigas, que no importa.	
APET.	De preámbulos acorta y dame de comer, Alma.	
MORT.	Es tu corona y tu palma que le sufras y padezcas porque así gozar merezcas del triunfo del vencimiento.	1415

| ALMA | Yo tengo grande tormento; | |
| | Dios me dé perseverancia. | 1420 |

DESN.	Ten, Alma, grande esperanza,	
	que presto se acabará	
	esta guerra, y gozarás	
	de suma paz y sosiego.°	*tranquilidad*

APET.	Ya sufrir la sed no puedo;	1425
	tráiganme un poco de aloja,[58]	
	y esté de nieve° sin falta.	*con hielo*

| DESN. | Esta es la cosa más alta: | |
| | callar, sufrir, padecer. | |

| ALMA | Sola no lo puedo hacer | 1430 |
| | sin ayuda de las dos. | |

MORT.	Tienes la ayuda de Dios;	
	la nuestra también tendrás,	
	y por eso vencerás	
	desconfiando de ti.	1435

APET.	¿No hay un libro por aquí	
	de novelas o de historias	
	de algún entretenimiento?	
	Por ver agora reviento	
	una comedia° y un baile.	*obra de teatro*
	Por ventura, ¿soy yo fraile	1441
	que he de guardar la modestia?	
	¿Se ha visto cosa como ésta,	
	que ninguna me responda	
	ni haga caso de mí?	1445

---

[58] Es "una bebida compuesta de agua, miel y especias" (*RAE*).

	Cuando en camándulo[59] di,	
	más favor todos me hacían,	
	muy lindos platos me daban,	
	¡oh, cómo me regalaban!,	
	ya en las cosas exteriores	1450
	y ya con las interiores.	
	Tenía mis saborcillos°	*sabores (dim.)*
	que me sabía buscar.	
	Alto, pues he de pasar	
	esta vida miserable,	1455
	luego quiero entrarme fraile:	
	no me faltará mi coro,	
	refitorio° y dormitorio;	*comedor*
	y en todos estos lugares	
	tendré yo ciertas ganancias	1460
	con que pasaré la vida.	
ALMA	Ya busca modos y trazas°	*métodos*
	para fundar sus trapazas,°	*engaños*
	ya quiere dar en devoto.	
	Otros fingimientos fragua.°	*planea (fig.)*
DESN.	Con sus locuras, te labra;[60]	1466
	consuélate, que ya quiere	
	el Señor darte victoria.	
ALMA	Para él será la gloria.	
	la confusión para mí.	1470
DESN.	Ya que te venciste a ti,	

---

[59] Según el DA, "camandulero" es el embustero bellaco e hipócrita que suele estar con el rosario en la mano, significado que viene bien al texto.

[60] El verbo "labrar" significa, metafóricamente, formar e instruir (*DA*). Desnudez le plantea a Alma que aguantar las locuras de Apetito le ayuda en el camino a la perfección.

                    no tenemos que aguardar.°   *esperar*

               Llégase a APETITO, DESNUDEZ

                    Acaba, Apetito vil,
                    y nunca más volverás
                    a dar pesadumbre al Alma.   1475

APET.   Ella ha triunfado de mí.

ALMA   Dios te destruye y acaba,
                que en esto no tengo parte.

DESN.   Alma, llega por aquí
                y átale muy bien los pies.   1480

ALMA   ¡Y qué cobarde que está!

DESN.   Porque le has vencido ya.
                Apriétale bien las manos;
                llega, Mortificación,
                y atraviésale la espada.   1485

MORT.   Muy bien la tengo afilada
                porque no vuelva a vivir.

DESN.   Yo salgo por fiadora,
                ¿ven como ya no respira?

MORT.   Con todo, traeré un espejo,   1490
                no para él, para ti,
                donde te contemples, Alma,
                y sea Cristo Jesús
                atormentado y en cruz.
                Y allí mira si tu aliento   1495

| | respira sin Apetito
y sólo por la razón
se guía tu corazón
y en eso conocerás
que estás libre de sus daños,
y que él ha muerto sin duda.⁶¹ | 1500 |
|--------|---|---|
| ALMA | Tiéneme el contento muda,
y no puede en las palabras
caber lo que agora siento. | |
| DESN. | Pues tienes entendimiento,
conoce que aquestas dichas
te han venido por las dos. | 1505 |
| ALMA | Por vosotras quiso Dios
darme la paz deseada. | |
| DESN. | Presumo que muy cansada
la pelea te dejó,
y es razón que ya sosiegues.° | 1510
descanses (fig.) |
| ALMA | Mándame lo que quisieres,
que de obedecerte gusto. | |
| MORT. | ¡Oh, qué bien le sabe al justo
después del penar, gozar! | 1515 |
| ALMA | ¡Que esto siempre ha de durar!
Dichosísimos trabajos
y alegresísimas fatigas, | |

---

⁶¹ Mortificación dice que va a traer un espejo que generalmente se usaba para ver si una persona respiraba. Esta vez no es para que se vea a sí misma, sino para que compruebe que no respira con Apetito. Quiere que Alma contemple en el espejo a Jesús en la cruz y que éste le sirva de espejo, guía y modelo.

	¡oh qué breves me parecen!	1520
Desn.	Lo que por ellas te ofrecen, / no cayó en sentido humano.	
Mort.	Ven, te daremos la mano / porque camines segura.	
Alma	Tan grande dicha y ventura / nunca yo la merecí.	1525
Desn.	Mira que esperamos, Alma; / despídete, que ya es tarde.	
Alma	El cielo, madres, os guarde[62] / y os dé a todas desnudez, / y os libre del Apetito. / Recibid nuestros deseos.	1530
Desn.	Son muy dichosos empleos / los de daros algún gusto.	
Mort.	Esto habemos pretendido.	1535
Alma	Las faltas que hemos tenido / perdonad, santo senado.	
Desn.	En lo que habemos errado / no habrá sido muy poquito; / que aquí da fin el "Coloquio	1540

---

[62] Aquí empieza la terminación acostumbrada en que los personajes hablan directamente al público. Hacen un resumen de la lección o moraleja y piden perdón por los errores en la representación. Las *madres* del v. 1530 y el *santo senado* del verso 1537 se refieren al público, o sea las hermanas presentes como espectadoras.

del triunfo de las virtudes
y muerte del Apetito."

A GLORIA Y HONRA DE DIOS Y DE LA VIRGEN MARÍA,
CONCEBIDA SIN PECADO ORIGINAL.

[2]

Jesús, María, Josef, Angel Custodio

Coloquio espiritual
de la estimación de la religión

entre

EL ALMA   EL MUNDO
LA RELIGION   LA MENTIRA
LA VERDAD

Sale ALMA *y* VERDAD

ALMA   Bien sé, Verdad, que te debo
mucho amor y beneficios,
bien conozco los oficios
de piedad que usas conmigo.
Sé que por ti, por amigo   5
tengo al Señor soberano,°   *Dios*
que no hay propio ni hay estraño
que por ti no me haga bien.
Mil gracias, Verdad, te den
mis potencias y sentidos;   10
ellos están advertidos,
y recogidos están
después que me comunicas.[1]
Todos los bienes me aplicas,

---

[1] Es decir, que hablas conmigo y me tratas.

	no hay dicha ° que no me venga;	*felicidad*
	quiera Dios siempre te tenga	16
	a mi lado y en mi casa.	

VERDAD Quedo,° adelante no pasa   *calma*
ni encarezcas mis servicios,
que todos son beneficios   20
que debes agradecer
al que° te dio aquese ser   *a Dios*
y una buena voluntad
para saberme buscar
con tanto afecto y cuidado.   25
Por su gracia me has hallado
y me sabrás conservar.
Y así, para procurarlo
con afecto y con desvelo,
echar la Mentira luego   30
de casa, sin dilación,
la primera prevención
para guardarme ha de ser.
Es perjuicial° mujer,   *dañosa*
y mi mortal enemiga.   35
Por más que yo te lo diga
no podrás, Alma, creer
el mal que te puede hacer
en todas sus pretensiones.°   *intentos*
Y si a tu lado la pones,   40
dame por ida[2] de aquí;
así te lo prometí
cuando me fuiste a buscar.

ALMA   Gran pena me ha de costar,
Verdad amiga, el echarla.   45
[*Aparte*] (¡Ay, quién pudiera ocultarla

---

[2] Considérame ya lejos de aquí.

	sin que Verdad lo supiera,	
	que es crïada muy antigua	
	y me ha servido con ley!°)	*verdaderamente*
VERDAD	Alma, no piensas bien,	50
	que no la guarda con nadie;³	
	es su condición° mudable,°	*carácter; variable*
	es todo su trato doble,	
	busca al rico, deja al pobre	
	y no tiene caridad;	55
	aborrece la amistad	
	que se funda en la virtud,	
	es amiga de Inquietud	
	y es de la Paz enemiga:	59
	nunca a seguilla° se inclina,	*seguirla*
	antes° huye si la ve;	*al contrario*
	ni guarda leyes ni fe,	
	toda engaños y mudanza.°	*cambios*
ALMA	Qué poco, Verdad, alcanza	
	quien no atiende a tus razones;	65
	en gran confusión me pones,	
	veo que eso me conviene,	
	y soy de tal condición	
	que de pura compasión	
	de haberla de despedir,	70
	estoy que casi el morir	
	no sé si sintiera más.	
VERDAD	En notable engaño das°	*estás engañándote*
	si dices que es compasión	
	no tomar resolución	75
	en despedir a Mentira	

---

³ Verdad dice que Mentira, como indica su nombre, no cumple con su palabra.

	loca, vana y fementida°,	*engañosa*
	y que te da mil pesares.	
	En sus deudos° no repares,°	*parientes; te fijes*
	que son viles y apocados:°	*de baja condición*
	dicen que de los pecados	81
	su linaje se compone.	
ALMA	No habrá nadie que la abone°	*acredita de buena*
	siendo tal su decendencia.	
VERDAD	Y con tu buena licencia	85
	quiero decirte su padre[4]	
	y la noble de su madre	
	porque a tenerla[5] te inclines.	
ALMA	Sus principios y sus fines	
	deben de ser de una suerte.	
		90
VERDAD	Ella conduce a la muerte	
	a quien la sigue y codicia.	
	No es creíble su malicia:	
	sin que sea testimonio,[6]	
	ella es hija del Demonio	95
	a quien más estima y quiere,	
	porque ella siempre le adquiere,[7]	
	es caudal° de que él más gusta.	*recurso*
ALMA	Quién se la mira tan justa	
	vendiéndosenos por santa.	
		100

---

[4] La preposición se omite (Quiero decirte *de* su padre) para mantener el cuento poético.

[5] Es una referencia a Mentira; es decir, Alma se inclina a tenerla en casa.

[6] Sin que sea necesario jurarlo ante un juez.

[7] Mentira se le llega al demonio para sacar provechos que le benefician.

VERDAD	Como de eso se adelanta su fingido proceder.	
ALMA	¿Que esto pudo suceder, que aquesta tan vil mujer haya tenido en mi casa?	105
	El justo enojo me abrasa y en cólera me deshago;°	*estoy enojadísima*
	cierto es que me diera el pago si más la tuviera aquí.[8]	
	Todo te lo debo a ti;	110
	¡oh Verdad, cuán obligada me tienes, y cuán prendada°	*agradecida*
	tu discreción y valor!; sólo podré con amor satisfacer tanta deuda.	115
	Y Mentira se prevenga,°	*se prepare*
	que no la tendré una hora en mi compañía más.	
VERDAD	Presumo que no podrás porque hará tantos enredos que del todo no se irá.	120
ALMA	A mis manos morirá si resistirse intentare.	
VERDAD	¿Pues si ella no se quedare por algún tiempo contigo?	
		125
ALMA	Saldrá como te lo digo; Verdad, no me aflijas tanto.	

---

[8] Es decir, tenerla más en casa le habría costado caro a Alma.

VERDAD	Digo que se pone el manto;[9]	
	Alma, no tengas enojos.	
ALMA	No te vean más mis ojos,	130
	traidora Mentira, más.	
VERDAD	Digo que mucho podrás	
	si como lo dices, obras.	
	Conmigo crédito cobras°	*ganas*
	muy grande si la despides	135
	y nunca más la recibes	
	ni aun para breve visita.	
ALMA	A enfado me solicita	
	ver cuán poco de mí fías.	
VERDAD	Que fío poco no digas,	140
	que temo a Mentira di,	
	que el apartarla de ti	
	lo ha de sentir con exceso.	
ALMA	¿Y la he de sufrir por eso	
	tal cual, tú, Verdad, la pintas?°	*describes*
VERDAD	Mis palabras son sucintas	146
	hipérboles° aborrezco,	*hipérboles*
	y el crédito te merezco	
	pues sabes cuán puntual soy.	
ALMA	En fin, quién es la Verdad	150
	claro está, que no me engaña;	
	que se irá, te desengaña,	
	aunque me cueste mi hacienda.°	*posesiones*
	¿Qué es la hacienda, y aun la vida?	

---

[9] Se refiere al *manto* con que se encubre Mentira.

VERDAD	Détela Dios¹⁰ muy cumplida	155
	por valor tan singular.	
	Mucho, Alma, te ha de costar	
	despedir a la Mentira;	
	bien es que estés advertida	
	para lo que sucediere.	160
ALMA	¿Que tanto una mujer puede	
	de tan baja condición?	
VERDAD	Es por engaño y traición	
	en los que sus fuerzas funda	
	y en lo que pone su mira.	165
ALMA	No digas más, que Mentira	
	viene.	
VERDAD	Repórtate¹¹ pues.	
ALMA	[Aparte] (¡Qué disimulada° que es! *falsa*	
	Dios te acabe y te destruya.)¹²	

Entra MENTIRA.

MENT.	[Aparte] (Verdad procura que huya	170
	de mí el Alma y no podrá;	
	que con ello no saldrá	
	puede tener por muy cierto.	
	Que nada le esté encubierto	
	es lo que me aflige más;	175
	que no se aparten jamás.	

---

¹⁰ Que Dios te dé [la vida].
¹¹ "Vale volver uno sobre sí y refrenar su cólera" (*Cov.*).
¹² Alma le pide a Dios que destruya a Mentira.

¿Qué haré para que las dos
riñan y se aparten luego?
Quiero emprender un gran fuego
de discordia y pesadumbre; 180
¿no es aquésta la costumbre
heredada de mi padre
el Demonio? ¿Y no es mi madre,
tan noble como hermosa,
la Soberbia?° ¿Ha de haber cosa *arrogancia*
en que halle dificultad? 186
Para echar a la Verdad
de esta casa y aun del mundo
en mucha razón me fundo
pues ella desea y quiere 190
destruirme, y se prefiere
a mi nobleza y poder,
como si pudiera ser,
siendo a mí tan desigual
mujer de poco caudal° *riquezas*
que nadie la estima o precia. 196
Todos la tienen por necia
y la muestran mala cara;
ella en esto no repara,° *no presta atención*
y los cansa e importuna. 200
Bien la sigue la fortuna,
que hartos trabajos padece,° *sufre*
pero ella se lo merece
pues a nadie gusto da,[13]
y conmigo mal está 205
siéndome en todo contraria
y mi mortal enemiga,
que si se hiciera mi amiga,
con todos tuviera entrada

---

[13] En estos vv. Mentira dice que Verdad merece la mala fortuna que la persigue por no dar gusto a nadie.

	y la recibieran bien.	210
	Trátame con gran desdén	
	y con un desprecio tal	
	que he de hacella° cuanto mal	*hacerla*
	cupiere en mis fuerzas todas.)	
VERDAD	¿A decirla te acomodas	215
	que salga luego de aquí?	
ALMA	¿Pues no será bien que así	
	entienda que sé quien es?	
VERDAD	Muy determinada estás,	
	pero yo lo veré agora.	220
MENT.	¿Con Verdad estás, señora?	
	Enhorabuena las dos	
	unidas estéis, y Dios	
	os guarde como deseo.	
ALMA	¡Oh villana!, no te creo,	225
	que eres fingida y traidora.	
MENT.	¿Qué es aquesto, mi señora,	
	por qué estás tan enojada,	
	la hermosa cara turbada,	
	inquieta en tu gravedad?	230
	Sin duda que algún gran mal	
	te han dicho de mi inocencia,	
	y con tu buena licencia,°	*permiso*
	es la señora Verdad,	
	que tiene pasión° conmigo,	*perturbación*
	o algún mortal enemigo	
	te ha dicho algún testimonio.[14]	

---

[14] Alguien te ha dicho algo en contra de mí.

Alma	Si eres hija del Demonio,	
	¿quieres, traidora fingida,	
	que sea de ti servida[15]	240
	y que te tenga en mi casa?	
Ment.	Bueno está que aquesto pasa,	
	que luego lo presumí,	
	que por envidia de mí	
	tales enredos dirían,	245
	pues, y cómo si harían,	
	y qué pena le darían	
	al ángel de mi señora.	
	Esto es lo que siento ahora	
	más que mi deshonra y mengua.°	*discrédito*
Alma	Calla, aduladora lengua,	251
	y acaba ya de adular.	
Ment.	Con qué aflicción y pesar	
	estoy de verte con pena.	
	El bello rostro serena,	255
	que estás inquieta y turbada,	
	y en estando sosegada,°	*calmada*
	di lo que fueres servida,[16]	
	que no habrá quien te lo impida.	
	Tu sierva soy y rendida°	*sujeta como esclava*
	me tienes, Alma querida;	261
	no me arrojes de esa suerte°	*manera*
	que me causarás la muerte,	
	y soy tu hechura° y tu esclava.	*sirviente*
Verdad	[a Alma] En lo que haces repara:	265
	no la escuches ni la creas,	

---

[15] Es decir, "¿quieres que yo te acepte?"
[16] Dime lo que puedo hacer para ayudarte.

                que a destruirte camina.

MENT.   ¿Cómo a piedad no se inclina
        tu apacible condición?
        ¡Que por una vil traición   270
        me aflijas y me consumas!

ALMA   Aplacarme no presumas,
        que tengo mucha razón.

MENT.   Sosiega° ya el corazón   *tranquiliza*
        pues tienes tanta nobleza.   275

ALMA   A despedirte ya empieza
        de tus compañeras presto.

VERDAD Que no haya remedio en esto,
        que se haya de quedar en casa
        la Mentira, ¿hay tal pesar?   280
        Sin duda me ha de matar;
        eso procura y pretende.°   *intenta*

MENT.   Qué mal que Verdad lo entiende;
        en todo engañada está
        y a mis padres no conoce.   285
        Así tu beldad se goce
        que fueron muy principales,
        y de lindos naturales
        con virtudes excelentes,
        y todos cuantos parientes   290
        he tenido, son honrados
        y por todos estimados
        de lo mejor de la corte.°   *Madrid*
        Mis tíos son de gran porte,

	casados con caballeros[17]	295
	y esto los grandes y chicos	
	lo saben y lo pregonan.°	*anuncian*
	Calidades son que abonan	
	a quien tienes a tu lado,	300
	y el crédito que me han dado	
	todos los que me conocen,	
	merece que me le des	
	y no creas a envidiosos.	
ALMA	Siempre me fueron odiosos,	305
	siempre los aborrecí	
	y si ahora crédito di	
	fue porque Verdad lo dijo,	
	de grande bondad y ser,	
	y a quien siempre he respetado.	310
MENT.	Pues por eso te ha engañado	
	diciéndote mal de mí,	
	porque cuanto la° serví	*la [Verdad]*
	me paga con obras tales.	
VERDAD	¡Oh engaño de los mortales!	315
	Ya la Mentira la vence;	
	ni la Verdad la convence	
	ni hay virtud que no se acabe.	
MENT.	¡Qué poco contigo vale	
	mi amor y tu obligación!	320
ALMA	¿Que he de hacer, en conclusión?	
	Que deseo darte gusto	
	te digo con claridad.	

---

[17] Mentira hablaba de sus "tíos" pero en este plural se insertan las "tías"; por eso puede hablar de estar casados los "tíos" con caballeros.

MENT.	Despedir a la Verdad,	
	pues no conviene a la[s] dos	325
	su trato, y nos manda Dios	
	todo escándalo quitar.	

VERDAD	¿Que aquesto pueda pasar?
	Mira, Alma, tu perdición.

ALMA	Verdad, no tienes razón,	330
	mira que estás engañada,	
	que Mentira es muy honrada	
	y su linaje muy grave	
	y de solar° conocido.	*linaje noble*
	Nunca en nada te ha ofendido	335
	y quiere bien a las dos;	
	desenójate, por Dios,	
	que a lástima me provoca	
	su aflicción y desamparo.°	*abandonamiento*

VERDAD	Que te ha de salir bien caro	340
	ten, Alma, por cosa cierta.	

ALMA	Ya estaba yo muy resuelta	
	a despedir a esta pobre.	
	No tengo entrañas de roble,°	*no soy tan dura (fig.)*
	sus razones° me movieron,	*explicaciones*
	sus quejas me enternecieron	346
	y sus lágrimas mudaron.[18]	
	Es doncella, es bien nacida,	
	sirvió a mis padres también;	
	no he de pagar con desdén	350
	tan grandes obligaciones.	
	Si tú en la razón te pones,	

---

[18] Se entiende *me* mudaron como extensión de *me movieron, me enternecieron*. Para conservar el cuento poético SM elimina el complemento.

	verás que tengo razón,	
	y aprobando aquesta acción,	
	me echarás mil bendiciones.	355
VERDAD	Cuando tú obrares mejor	
	merecerás mis favores;	
	y mientras a la Mentira	
	dieres, Alma, tus oídos,	
	haz cuenta que están perdidos	360
	los favores y regalos	
	que te invió por mis manos	
	aquel Señor liberal,°	*Dios generoso*
	y tratándome tan mal	
	retirará sus mercedes.	365
ALMA	Pues como conmigo quedes	
	di ¿por qué se ha de enojar?	
	¿Téngote yo de arrojar,°	*despedir*
	no te estimo y te venero?	
	Como a mí misma te quiero	370
	y siempre te he respetado.	
VERDAD	Eso sólo te ha quedado,	
	Alma, para tu remedio.	
ALMA	Pues me pongo de por medio:[19]	
	Verdad, haz las amistades,	375
	y por tu vida que acabes	
	el enojo con Mentira,	
	que con humildad te mira	
	y espera que la recibas.	
VERDAD	Alma, por más que me digas,	380

---

[19] Alma quiere actuar de mediadora para hacer las paces entre Verdad y Mentira.

	no me obligarás jamás,	
	que hacer mal, ¿cómo podrás	
	obligar a mi constancia,	
	que es el tratar con Mentira?[20]	
ALMA	¿Que rendida no te obliga?	385
	Notable dureza tienes.	
VERDAD	Aunque me digas más bienes,	
	no mudaré parecer.°	*cambiaré de opinión*
ALMA	Pues no puedo obedecer	
	en echarla, como quieres.	390
	Mira que somos mujeres	
	para dolernos de aquésta.[21]	
VERDAD	Eso no tiene respuesta,	
	y así no te la daré.	
MENT.	[*Aparte*] (Y qué poco que podré	395
	si no te diere la muerte.	
	¿Que me trate de esta suerte°	*manera*
	esta atrevida Verdad	
	siéndome tan desigual	
	en la virtud y la sangre?[22]	400
	En fin, es de baja suerte.°)	*rango social*
ALMA	Todo tu enojo convierte	
	en agrado,° mi Verdad.	*afabilidad*

---

[20] Tratar con Mentira sería en contra del ser (verdadero) de Verdad, algo que no puede hacer.

[21] Alma apela a la solidaridad entre mujeres para que Verdad perdone a Mentira.

[22] Note que Mentira habla irónicamente al decir que Verdad no es igual a ella ni en virtud ni linaje. En este caso, Mentira no miente.

VERDAD	Yo no te puedo dejar	
	que será tu perdición.	405
	Aguardaré otra ocasión	
	para remediar tus daños,	
	y librarte de Mentira.	
ALMA	Que te está escuchando mira,	
	y es fuerza que tenga pena.	410
VERDAD	Lo que gustares ordena,	
	que de obedecerte gusto	
	como tú quieras lo justo,	
	que otra cosa no querré.	
MENT.	Dime, Verdad, si podré	415
	acompañar a mi hermana,	
	que pienso que irá mañana	
	por la tarde a entrarse monja.	
VERDAD	¿Y cuál de ellas es?	
MENT.	Lisonja,	
	que es la mayor de las tres.	420
VERDAD	Y qué parecida que es	
	a ti y a tus buenos padres;	
	mas todos sois parecidos	
	en la cara y en las obras°.[23] *acciones*	
ALMA	Dime por qué no me nombras[24]	425
	a tus hermanas y primas,	

---

[23] Claro que Verdad habla con sarcasmo; no es un comentario positivo.

[24] Alma y Mentira comienzan un largo diálogo sin prestar atención a las intervenciones de Verdad.

	que no sé cómo se llaman.	
MENT.	Ha° mucho que están ausentes,	*hace*
	que si estuvieran presentes,	
	es cierto que te sirvieran	430
	con el cuidado que yo.	
ALMA	Así lo creo, y estoy	
	agradecida a tu afecto.	
VERDAD	¿Qué haya de escuchar aquesto	
	y sufrir tal desatino?°	*error*
ALMA	¿Y cuándo tu hermana vino	436
	para entrar en el convento?	
MENT.	En él° ha estado de asiento,	*el [convento]*
	aunque en hábito seglar,	
	mas ya le quiere dejar	440
	por el° de la religión,²⁵	*el [hábito]*
	y espero su profesión	
	que está muy bien recibida.	
	Es Lisonja muy querida,	
	hácenla mucho favor²⁶	445
	que les sabe merecer.	
	Es muy discreta mujer,	
	esparcida° y muy urbana,	*alegre*
	fue en el siglo²⁷ muy galana	
	y pareció siempre bien.	450
	Y así espero que también	

---

²⁵ Mentira dice que su hermana ha estado en el convento hace tiempo sin profesar; es decir, sin estatus permanente. Ahora quiere hacerse monja profesada en la Orden.

²⁶ *Favor* se entiende en plural así que luego dice *les sabe merecer*.

²⁷ Vivir *en el siglo* quiere decir vivir fuera del convento.

	en el convento ha de estar	
	con gusto muy singular.°	*especial*
ALMA	Hágalo el cielo, Mentira,	
	como deseo y lo pido.	455
MENT.	De las demás, no te digo,	
	que son tantas mis hermanas,	
	mis primas y mis sobrinas,	
	que si refiero sus nombres,	
	pienso que te cansarás.	460
ALMA	Te asiguro no podrás	
	darme con eso disgusto.	
	Escucharé con gran gusto	
	de tu linaje los nombres,	
	y di también de los hombres,	465
	que conocerlos deseo.	
VERDAD	¡Ay, Alma!, ¡cómo te veo	
	precipitar en el mal	
	pues a la Mentira atiendes!°	*escuchas*
	Alma, dime, ¿qué pretendes	470
	con información tan necia?	
	El saber la decendencia	
	de Mentira, ¿qué te importa,	
	ni oír su infame linaje?	
MENT.	[*Aparte*] (Que esta vil así me ultraje	475
	no lo tengo de° sufrir.)	*tengo que*
ALMA	Empiézame a referir	
	de tus hermanas los nombres,	
	que es mi gusto y esto basta.	

VERDAD	¡Destruya el cielo tal casta²⁸ que tantos males ha hecho y siempre nos los procura!	480
MENT.	Tuvo muy grande ventura mi buena hermana Traición, que casó muy ricamente con un honrado pariente; es su nombre don Enredo,° hombre de notable industria.	485 *complicación*
VERDAD	¿Qué de oír aquesto gusta el Alma? Perdida está; ya no admite° mi consejo.	490 *acepta*
MENT.	Tengo un hermano ya viejo: su virtud de buen tamaño; aquéste se llama Engaño,° bien conocido y bien quisto.°	 *decepción* *querido*
ALMA	¿Pues cómo nunca le he visto?	496
MENT.	Ha dado ya en retirarse, que está cansado y enfermo, pero tiene tal gobierno que puede servir al rey.²⁹	 500
VERDAD	Ni hay para ti Dios ni ley; Mentira, ¿por qué no callas y dejas al Alma en paz?	
MENT.	Es Cautela° muy capaz, mi hermana menor, y es	*sutileza para engaños* 505

---

²⁸ *Casta* se refiere a la familia de Mentira.
²⁹ Aunque está enfermo, todavía puede servir al rey con sus consejos.

	mujer que sin interés,	
	con gusto te servirá.	
VERDAD	Mejor, Mentira, será	
	que no trate de servir.	
ALMA	Si ella trata de venir,	510
	la recibiré sin duda.	
MENT.	Tengo una prima algo muda	
	que se llama Sinrazón°,	*Injusta*
	hija de Relajación,	
	sobrina de Libertad,	515
	mujer de lindo despejo,°	*confianza en sí*
	de grande donaire y brío.°	*espíritu*
	Casó con un primo mío	
	que se llama Desahogo,°	*insolencia*
	hijo de doña Inquietud,	520
	señora de gran virtud,	
	muy igual a su marido	
	el señor Desasosiego,°	*intranquilidad*
	que tiene muchos lugares.[30]	
VERDAD	Mentira, ¿que nunca acabes	525
	relación que es tan prolija?°	*molesta*
MENT.	De Murmuración es hija[31]	
	mi prima la Distracción.	
	A ésta persigue Oración,	
	aquella mujer severa	530

---

[30] *Lugares* se dice por empleo o puesto elevado (*DA*).

[31] Mentira nombra a varios miembros "respetados" de su familia (los vicios), junto con las enemigas de ellos (las virtudes). Como indica su nombre, no se puede creer lo que dice. Así, SM les enseña a sus hermanas las virtudes que debe ejercer una monja por llamarlas enemigas de Mentira.

	de pesada condición,°	*aburrida personalidad*
	de quien te dije que huyeses,	
	que nunca jamás la vieses	
	ni aun por imaginación.	

VERDAD ¿Hay tan notable invención   535
como tiene en sus palabras?

MENT.   Si tú con la Oración hablas,
nuestra amistad se acabó.

ALMA   Yo me guardaré de vella.°   *verla*

MENT.   Es muy discreta doncella   540
mi sobrina Parlería,°   *chismosa*
hija de la Ociosidad,°   *flojera*
nieta de la Adulación,
mujeres de grande nombre,
y me persigue un hombre   545
de mala suerte, encogido,°   *tímido*
a quien llaman el Silencio.
A decirte no comienzo
lo que siente Parlería
de este hombre la tiranía   550
y persecución estraña,
con villano proceder.

ALMA   ¿Pues qué mal la suele hacer?

MENT.   Siempre procura su muerte.

VERDAD [a ALMA] Que te está engañando, advierte.   555

ALMA   Gran compasión me das.

MENT.	Y lo que luego sabrás	
	te dará mayor dolor:	
	Ociosidad° Interior,	*flojera*
	que es otra prima que tengo	560
	de muy linda condición,°	*personalidad*
	a quien persigue un mozuelo	
	que se ha de llamar Fervor,	
	entremetido arrogante	
	y pienso que casi loco,	565
	mas no la persigue poco	
	ni da menor aflicción.	
ALMA	¿Hay tan grande compasión?	
	¿Pues por qué no le castigan	
	o prenden a aquese necio?	570
MENT.	De todos hace desprecio,	
	como es rico y estimado.	
VERDAD	Que en tal locura haya dado	
	el Alma, ¿qué puedo hacer?	
	O ella se ha de perder	575
	u he de sufrir y esperar.	
MENT.	¿Cómo te podré contar	
	de mi tío, el Amor Propio,°	*orgullo*
	las hazañas y valor?	
	Es poderoso señor,	580
	todo cuanto quiere, hace,	
	mas mucho me satisface	
	Propio Parecer,° su hermano,	*egoísmo*
	que en nada le es inferior.	
	Yo le debo grande amor	585
	y otros muchos beneficios	
	que no es posible contar.	

	Yo le trato de casar	
	con la bella Obstinación,	
	moza rica y muy discreta,	590
	que también es de mi casta,	
	y el decir que es hija basta	
	de la señora Protervia°	*ostinación en la maldad*
	que de mi madre Soberbia°	*arrogancia*
	es muy parienta y amiga.	595
	Yo no sé cómo te diga	
	de mi primo Atrevimiento°	*insolente*
	los muchos bienes que siento	
	que se hallan en este mozo.	
	Apenas le apuntó el bozo[32]	600
	cuando trató de ampararme,	
	y parece que el honrarme	
	tiene en su cuidado solo,	
	porque me estima en estremo.	
VERDAD	No te viera yo en un remo,[33]	605
	¿quién creyera tal maldad?	
	¡y que el Alma lo consienta!	
ALMA	Yo tomaré por mi cuenta	
	el casar a tu buen primo,	
	porque te hace tal favor.	610
MENT.	Bien sé que se le merezco	
	y la oferta te agradezco,	
	pero está ya desposado,°	*casado*
	y ha sido grande ventura.°	*suerte*

---

[32] "Vello que apunta a los jóvenes sobre el labio superior antes de nacer la barba" (*RAE*).

[33] Es decir, remando en las galeras, un castigo tremendo para criminales de la época.

ALMA	¿Con quién?	
MENT.	Con Desenvoltura,°	*desenfado*
	bien conocida y bizarra,°	*valiente*
	muy igual a su marido	617
	en linaje y condición.	
	Dureza de Corazón,	
	que es otra prima que tengo,	620
	para ésta te prevengo°	*te preparo*
	que has de amparar su orfandad,°	*estado de huérfano*
	y si puedo la traeré.	
	Verás qué linda presencia;	
	su madre, Desobediencia,	625
	está pobre y no ha podido	
	dar a su hija marido	
	conforme a su calidad.	
ALMA	¡Lo que se inquieta Verdad!	
MENT.	No me admiro porque siempre	630
	me aborreció con exceso.	
VERDAD	Alma, ¿que te pagues de° eso	*te guste*
	y que escuches desatinos?°	*errores*
MENT.	Por todos cuantos caminos	634
	puede, busca el acabarme.°	*matarme*
ALMA	¿Pues no tengo de pagarme°	*gustarme*
	del donaire de Mentira?	
	Su gran discreción me admira,	
	y su lindo discurrir.°	*manera de hablar*
MENT.	Ella ha de contradecir;	640
	no hay, Alma, sino callar.	

VERDAD	[a MENT.] Eso quise procurar	
	que hicieses, y no he podido.³⁴	
ALMA	Di, ¿cómo te has divertido°	*distraído*
	de lo que diciendo estabas?	645
MENT.	Como con Verdad hablabas,	
	no te quise interrumpir;	
	y no me aprovecha nada,	
	que saldrá con su decir	
	que soy peor que la Cava,³⁵	650
	que no me puedo sufrir.	
	Pero mi bondad es tanta	
	y el amor que a ti te tengo,	
	que a todo penar se allana,°	*sufrir se elimina*
	y por no poner a prueba	655
	mi paciencia y tolerancia	
	dejaré, con tu licencia,	
	la relación° comenzada,	*historia*
	que, a solas, la acabaré	
	cuándo estemos en tu cuadra.°	*habitación*
VERDAD	¡Qué devotas oraciones!	661
ALMA	¿Quieres ya, Verdad, dejarla?	
VERDAD	Si ella te dejara a ti,	
	te estuviera mejor, Alma.	
MENT.	Con tu licencia,° señora,	*permiso*
	voy a ver quién es quien llama.	666

---

³⁴ Verdad le dice a Mentira que quiso callarla pero no lo logró.

³⁵ Se trata de Florinda la Cava, hija del conde Julián quien vivió en el siglo VIII. Según la leyenda, el rey don Rodrigo abusó de ella y esto fue la causa de la traición de su padre quien permitió la entrada de los musulmanes en España.

Vase MENTIRA

VERDAD ¿Conoces que te decía
la verdad, ingrata Alma,
que Mentira haría de suerte°   *encontraría manera*
que no saliese de casa?   670
Y tú, con notable brío,°   *espíritu*
respondías, confiada,
que la echarías de ti
si la vida te costaba.
Y sin más que cuatro enredos   675
y palabras afectadas°,   *cariñosas*
derribó° tantos intentos   *destruyó*
y deshizo tu constancia.[36]
¿Qué me puedes responder
para que me satisfagas?   680

ALMA Yo te lo diré, Verdad:
parecerme que tú estabas
enojada con Mentira,
que la pasión te incitaba
a decirme tanto mal: 685
que una mujer irritada
exagera niñerías°   *cosas insignificantes*
y torres grandes levanta
de átomos tan pequeños
que vista no los alcanza.   690

VERDAD Alma, todas tus disculpas
frívolas y sin sustancia
dicen tus culpas mejor
y tus delitos señalan,
pues podías advertir   695
que la Verdad no se engaña

---

[36] Es decir, que fácilmente Mentira ganó su atención.

| | ni puede tener pasiones
que la obliguen a violarla. | |
|---|---|---|
| ALMA | Mira que vuelve Mentira;
Verdad, disimula° y calla. | *tolera o aguanta* |

Vuelve Mentira

| | ¿Qué te querían, Mentira?
¿Quién era quien te llamaba? | 701 |
|---|---|---|
| MENT. | Un cr̈iado de un señor,
caballero de importancia,
que es amigo de mi padre
y siempre muy de mi casa,
que me traía un recado.° | 705

mensaje |
ALMA	Y, dime, ¿cómo se llama?	
MENT.	¿El caballero o el mozo?	
ALMA	¿Cómo el cr̈iado se llama?	710
MENT.	Interés.	
ALMA	¡Qué bajo nombre![37]	
MENT.	Harto le estiman y aman.	
ALMA	[*Aparte*] (Tengo un poco de vergüenza
preguntar cómo se llama
su dueño. Parecerá
curiosidad escusada,	715

---

[37] Este comentario se refiere a la motivación de Interés para sacar provecho o ganancia personal de algo; por eso, es bajo nombre.

	y me muero por sabello.°	*saberlo*
	Mas, ¿cómo Mentira calla	
	y no me dice quién es?	
	Confusa estoy y turbada.	720
	Ea, yo me determino.)	
	¿No dices cómo se llama	
	ese honrado caballero	
	conocido de tu casa,	
	por saber si le conozco?	725
MENT.	Ah, su nombre te ocultaba	
	porque no quiero que diga	
	Verdad que yo busco trazas°	*maneras (fig.)*
	para que te galanteen;	
	no soy mujer de marañas.°	*complicaciones*
	Opónese a mi decoro,	731
	como quien soy no me trata.	
	Yo no he de andar en pendencias;°	*desacuerdos*
	si Verdad las busca o traza,°	*planea*
	puede tenerlas con otra,	735
	que yo no pienso aguardarla.	
	Antes,° si me das licencia,	*al contrario*
	quiero volverme a mi casa	
	pues que comer y vestir,	
	gracias a Dios, no me falta,	740
	y un rincón en que vivir,	
	que para una mujer, basta.	
	[*Aparte*] (Con esto la pico más.)	
ALMA	Mi Mentira, no te vayas;	
	¿pues cómo dejarme quieres?	745
MENT.	La Verdad, Alma, te basta;[38]	

---

[38] Mentira habla irónicamente en los vv. 746-755 porque dice la verdad, aunque para ella es mentira porque no cree lo que dice.

	ella es mujer para mucho	
	y yo soy una cuitada.	
	Tengo yo muy pocas prendas,°	*cualidades positivas*
	éstas en Verdad se hallan.	750
	Tú la quieres más que a mí,	
	con Verdad, nada te falta.	
	Aquí nunca seré buena,	
	y en otra parte me aguardan;	
	Alma, quédate con Dios.	755
Alma	Mentira, ¿que ansí me tratas,	
	que no admitas° mis razones?°	*aceptes; explicaciones*
Verdad	No hayas miedo[39] que se vaya;	
	dura mucho la Mentira	
	en casa, si está en el alma.	760
Alma	Por mi vida, no has de irte.	
Ment.	Basta que lo quieras, Alma.	
	Tu gusto es ley para mí,	
	y así me importa guardarla.	
Alma	Siempre te lo estimaré.	765
Ment.	Bien sé yo que se holgara°	*se alegrara*
	aquel señor[40] de mi patria	
	de que yo no me haya ido,	
	Alma hermosa, de tu casa.	
	¡Si vieras su lindo talle,°	*figura*
	su cara tan agraciada,	771
	su donaire,° su buen brío,°	*espíritu; valor*

---

[39] Hoy se dice "no tengas miedo." En esa época fue común utilizar "haber" por "tener."

[40] Se refiere a Mundo que Mentira describe exageradamente a continuación.

	su airoso pisar, su gala!°	*gracia*
	Pues su claro entendimiento,	
	¿qué entendimiento no pasma,	775
	qué voluntad no enamora	
	y qué memoria no enlaza[41]	
	para no poder pensar	
	sino en multitud de gracias	
	que tiene este caballero?	780
	Y te asiguro son tantas	
	que no hay guarismo° que pueda	*número*
	referirlas ni contarlas,	
	ni tampoco sus riquezas.	
VERDAD	Grande enredo nos aguarda.	785
	¡Con qué gusto y suspensión	
	se la está escuchando el Alma!	
	¡Qué no lo pueda estorbar!	
	Dios ponga a su mano santa.	
MENT.	¿Qué diré de sus crïados?	790
	La grandeza de su casa	
	excede todo decir	
	y a los pensamientos pasa.	
ALMA	¿Quieres decirme su nombre?	
MENT.	Ello va: el Mundo se llama.	795
VERDAD	Nunca fuiste más Mentira	
	que en esta ocasión, villana.	
	¿De ese viejo impertinente	
	lleno de arrugas y canas,	

---

[41] Mentira irónicamente alaba el entendimiento, la voluntad y la memoria de Mundo, los tres elementos necesarios para cumplir con los requisitos de un buen cristiano. Por lo tanto, Mundo carece de estos atributos.

de miseriasy desdichas, 800
con tanto decoro hablas,
con tanto gusto celebras,
con tanto hipérbole ensalzas?
A gran risa me provoca
tu relación. ¡Hay tal gracia! 805
¿Al Mundo pintas galán,
al Mundo con buena cara,
al Mundo entendido y rico?
Alma, mira que te engaña,
que es un viejo miserable 810
que ya ni finge ni engaña,
que ni aun eso puede hacer:
tal le tienen sus desgracias,
sus yerros° y sus miserias, *errores*
que un poco de buena cara 815
con que solía engañar,
la tiene toda tiznada.° *negra (fig.)*
Aun apariencias no tiene,
aun fingimientos le faltan,
a un ciego no engañara. 820
Sus fuerzas son acabadas,° *muertas*
y sólo a faltos de juicio
podrá traer con sus trazas.° *apariencia (fig.)*
Y aunque está como te pinto,
tan sin fuerzas, tan sin nada, 825
es gran discreción huirle:
bienaventurada el alma
que tanto bien le sucede
y que dicha° alcanza. *felicidad*

ALMA   ¿Pues qué me puede importar 830
        ver al Mundo, si son tantas
        como tú me la ponderas° *exageras*
        sus miserias y desgracias?

	Antes recibiendo avisos	
	de lo que por otros pasa,	835
	quedaré con su escarmiento,°	*advertencia*
	con más luz y más guardada.	

VERDAD No, Alma, no dices bien,
que esos frutos no se sacan
de comunicar al Mundo, 840
que su trato, si no engaña,
es a pocos y muy cuerdos.° *inteligentes*
Y hay muchos locos que pasan
sus vidas en las miserias
con que el Mundo los enlaza 845
porque se dejan prendar° *enamorarse*
de aquella cara afectada
que tal vez° el Mundo muestra, *a veces*
con que las arrugas tapa.
Tú puedes ser uno de éstos[42] 850
si en sus deleites te embarcas,
mejor dijera, vilezas,
y en fin, en ellos acabas.° *mueres*

ALMA Mentira, ¿qué dices de esto?

MENT. Qué quieres que diga, Alma, 855
si te veo con mil dudas:
que te fa[l]ta la constancia.
No se puede hablar contigo;
tratar cosas de importancia
una persona, es lo mismo 860
que si novelas contara.
Al mejor tiempo, Verdad
ha de entrar con sus palabras
a deshacer cuanto digo

---

[42] Referencia a los locos mencionados en el v. 843.

	y a dejarme bien turbada,		865
	bien corrida° y deseosa	*confusa (fig.)*	
	de nunca meterme en nada;		
	¿para qué, para hacer burla?		
	Pudiera yo, escarmentada,°	*corregida fuertemente*	
	callar siempre y no decirte		870
	nada de cuanto me manda.		
ALMA	Que siempre te has de enojar;		
	cierto que es cosa pesada		
	el sufriros a las dos,		
	y que estoy ya muy cansada		875
	y resuelta en no lo hacer.		
	Ninguna me hable palabra		
	más de lo que yo quisiere.		
	Yo no las tengo en mi casa		
	para tener pesadumbres;		880
	bien ya de darme tantas,		
	y si no se hallaren bien,		
	la que quisiere se vaya,		
	que toda mi vida he estado		
	servida y acompañada		885
	sin ruidos y sin pendencias.°	*riñas*	
MENT.	No estés, señora, tan brava,°	*enojada*	
	que ofendes a tu hermosura		
	y a tu condición° agravias	*personalidad*	
	pues Dios te la dio tan dulce.		890
VERDAD	¡Cómo la adula y engaña!		
ALMA	Ya estoy en esto, Mentira,		
	resuelta y determinada		
	nadie me vaya a la mano.°	*me estorbe*	
	Al Mundo luego me llama,		895

	sea viejo o sea mozo,	
	de buena o de mala traza,°	*apariencia (fig.)*
	tenga riqueza o pobreza,	
	tenga gracias o desgracias.	
	Yo quiero ver cómo es,	900
	la curiosidad me llama.	
	No soy tan novelera°	*atraída por novedades*
	ni es mi calidad tan baja	
	que he de casarme con él	
	sin estar averiguadas	905
	sus prendas,° y sin saber	*cualidades positivas*
	la nobleza de su casa.	
	Al punto me llama al Mundo.	
	Ve, Mentira; ¿por qué tardas	
	en ejecutar mi gusto?	910
MENT.	Porque temo que no salga	
	con alguna de las suyas[43]	
	aquesta tu dueña honrada,	
	mi señora la Verdad,	
	que siempre las fiestas agua,[44]	915
	y que quedemos todos fríos,	
	y el Mundo vuelto a su casa,	
	llevándose de camino	
	dos pesadumbres° bien dadas.	*molestias (fig.)*
VERDAD	Quiera Dios que en tal me vea.	920
MENT.	Espera, que el Mundo pasa	
	a caballo, y se apea°	*se baja (del caballo)*
	aquí a la puerta de casa;	

---

[43] Mentira teme que Mundo no salga mientras Verdad esté presente para regañarlo.

[44] Mentira dice que Verdad es una aguafiestas, una persona a quien no le gusta divertirse.

	ya está en el zaguán,° ya sube	*cuarto de entrada*
	con ligereza estremada.	925

Entra MUNDO

MUNDO	Dadme, señora, las manos.	
ALMA	Con gran deseo esperaba	
	que me hiciésedes merced.	
MUNDO	Yo la recibo sin tasa°	*restricción (fig.)*
	de vuestra grande belleza.	930
	Mucho la fama contaba	
	de beldad tan singular;	
	mayor sois que vuestra fama,	
	y sólo igualar podrá	
	vuestras prendas° estremadas	*cualidades positivas*
	el amor que os tengo ya,	936
	que su fuego el pecho abrasa.	
ALMA	Pues, ¿qué puedo yo decir	
	sino que estoy muy pagada°,	*satisfecha*
	de vuestra linda presencia?	940
	Mentira, yo estoy turbada;	
	gallarda° presencia tiene.	*animada*
MENT.	Y cómo si es muy gallarda;	
	¿no te lo decía yo,	
	y no aquella santonaza[45]	945
	que te dijo que era viejo,	
	sin brío y de mala cara?	
ALMA	¡Qué corrida° está Verdad!	*confundida (fig.)*

---

[45] Aumentivo de santa, referencia despectiva y sarcástica llamándole a Verdad "una gran santa."

MENT.	Aquí sus delitos° paga.	*culpas*
MUNDO	Señora, no tenéis casa	950
	acomodada; yo quiero	
	serviros hoy con mi casa,	
	que es un palacio decente	
	con dueñas y con crïadas,	
	con muy ricas colgaduras,°	*cortinas o tápices*
	estrados,[46] sillas y camas.	956
	Y penden en las paredes	
	pinturas y cosas varias	
	puestas en los camarines,°	*alcobas (dim.)*
	de gusto muy estremadas.	960
	Tengo coches y carrozas,	
	sillas de mano bordadas,	
	ricas telas y tabíes,[47]	
	y joyas de piedras raras	
	en valor y en artificio.	965
	Hay músicas concertadas,	
	saraos,[48] comedias, paseos,	
	toros y juegos de cañas,[49]	
	y todos cuantos deleites	
	la imaginación alcanza	
	a desear, yo los tengo	970
	muy sin límite ni tasa.°	*restricción*

---

[46] "Conjunto de muebles que servía para adornar el lugar o pieza en que las señoras recibían visitas" (*RAE*).

[47] Tabí era un género de tela antigua que hacía aguas como el moaré de hoy.

[48] "Reunión nocturna de personas de distinción para divertirse con baile o música" (*RAE*).

[49] Un juego de a caballo que introdujeron en España los moros. Las cañas se vuelven lanzas en esta competición de equipo que forma parte de un espectáculo público (*DA*).

VERDAD	Vos mentís como quien sois,	
	que en vuestra casa no hay nada	
	de cuanto habéis referido.	975
	La casa de la desgracia	
	es la vuestra, Mundo triste,	
	tan sin ser y sin substancia.	
	Vos, riquezas, ¿qué decís?,	
	volvedme acá aquesa cara	980
	que quiero ver cómo miente	
	esa boca mal hablada.	
	Hermano, ya estáis caduco,°	*decrépito*
	bien lo muestran vuestras trazas,°	*apariencia (fig.)*
	vuestros trajes e invenciones	985
	que a los pausanes⁵⁰ engañan.	
	Mejor fuera recogeros°	*refugiaros*
	en alguna ermita o casa	
	de religión, pero no,	
	que la dejaréis turbada.⁵¹	990
	Volved en vos, miserable,	
	id luego por esas casas	
	a pedir os den limosna	
	que alivie vuestras desgracias.°	*miserias*
	En ésta, si presumís	995
	que el Alma estará engañada,	
	mientras yo viviere en ella,	
	no sucederá desgracia.	
	La Verdad os echará	
	y la vuestra fue toparla.⁵²	1000
	¿Cómo os atrevistis,° pues,	*atrevisteis*
	a entrar en aquesta casa	

---

⁵⁰ *Pausán*, igual a bausán, significa figurativamente bobo, estúpido y sin espíritu; se dice del que se queda pasmado (*DA*).

⁵¹ Verdad dice que sería mejor que Mundo fuera a una ermita, pero luego cambia de opinión porque les causaría molestias a todos.

⁵² Es decir, fue la mala suerte de Mundo encontrarse con Verdad.

	estando en ella de asiento°	*establecida*
	la Verdad? ¿Qué fue la causa?	
MUNDO	Estar también la Mentira,	1005
	que facilitó° mi entrada,	*ayudó*
	pero a saber que eras tú	
	la que acompañaba al Alma,	
	puedes tener por muy cierto	
	que aun la puerta no rondara.[53]	1010
	Téngote grande aversión,	
	y de manera me cansas,	
	me enojas y me persigues,	
	Verdad, que no reparara	
	en dejar todo mi gusto	1015
	por no oírte una palabra,	
	que eres mi contraria siempre.	
VERDAD	A fe, Mundo, que me pagas	
	la voluntad que debes:[54]	
	que te aborrezco sin tasa,	1020
	y siempre que yo pudiere,	
	te haré guerra declarada.	
MENT.	Lindamente se requiebran;[55]	
	¿qué piensas, qué dices, Alma?	
ALMA	Que estoy corrida° y confusa	*avergonzada*
	de ver cómo me engañabas	1026
	en decirme bien del Mundo.	

---

[53] Mundo dice que si hubiera sabido que Verdad vivía en casa de Alma, él no se habría acercado.

[54] Es decir, me pagas con la misma moneda la voluntad que siento por ti.

[55] Comentario sarcástico de Mentira, figurativamente significa que Verdad y Mundo se están lisonjeando.

MENT.   Pues, ¿qué dices?, ¿no te agrada?

ALMA   Antes° me parece mal,   al contrario
        y sólo Verdad mi amada   1030
        es, a quien lo debo todo.
        Y así quisiera pagarla°   darle gusto
        en admitir° sus consejos,   aceptar
        y en estimar sus palabras,
        y en aborrecerte a ti,   1035
        y en echarte de mi casa.

MENT.   ¿Aquese pago me das?

ALMA   El que mereces te aguarda.

VERDAD De tres enemigos, Mundo,
        que siempre infestan al Alma,   1040
        eres el primero tú,⁵⁶
        y el mayor si no se escapa
        y huye de tus uñas presto,
        de tus dientes y tus garras.
        Fiera bestia, engañador,   1045
        sirena⁵⁷ que siempre encantas
        con voz süave a los necios
        que a oírte cantar se paran.

MENT.   ¿Qué dices, Mundo, qué dices,
        que enmudeces y no hablas?   1050
        Vuelve por ti,° que me tienes   defiéndate
        afligida por tu causa.

---

⁵⁶ Hace referencia a los enemigos del alma según la fe católica que son mundo, demonio, y carne.

⁵⁷ Verdad compara a Mundo con las sirenas encantadoras de la Odisea, llevando a Alma a la destrucción.

Mundo	No tengo qué responder,	
	que si la Verdad me saca	
	en público mis defectos,	1055
	sólo cubrirme la cara	
	de vergüenza me conviene,	
	y encubrir mis ignorancias.	
Alma	¿Hay tan miserable Mundo	
	que de corrido° no habla	*avergonzado*
	porque Verdad le conoce	1061
	y ha descubierto sus faltas?	
	¿Paréceos bien engañar	
	a las mujeres honradas	
	con artificio y doblez?°	*malicia*
	¿Aquesas son vuestras gracias?	1066
	Estad cierto que, conmigo,	
	no ganáis honra ni fama,	
	que conocida la treta,°	*engaño*
	la huiré con notable maña.°	*habilidad*
Verdad	Alma, ni aun para hacer burla	1071
	con el Mundo te embaraza[s].°	*te detienes*
	Déjale para quien es,[58]	
	que aquésta es la mayor gala.	
	Y pues que le has despreciado	1075
	y conocido cuán bajas	
	y viles son sus promesas,	
	y sus dádivas° cuán falsas,	*regalos*
	será razón que te inclines	
	a la Religión° sagrada.	*orden religiosa*
	Alma, si la conocieras,	1081
	es perfectísimo estado,	
	y la misma perfección.	
	En tu vida no has hablado	

---

[58] Se diría hoy, *por quien es*.

	ni visto más linda dama:	1085
	tal discreción, tal agrado,	
	santamente cariciosa,	
	y con divino agasajo°	*hospitalidad*
	regala tan dulcemente	
	que en su amor enciende a cuantos	1090
	la comunican y sirven,	
	y son bienaventurados	
	en conocer tal señora	
	y en dársele por esclavos.	
ALMA	¿Pues por qué, Verdad amiga,	1095
	de tanto bien me has privado?	
VERDAD	Porque no lo has merecido,	
	que este bien tan soberano	
	de estimar la Religión	
	y de ponerse en sus manos,	1100
	le da el Señor° a muy pocos:	*Dios*
	que este beneficio raro	
	de la vocación divina	
	es privilegio guardado	
	para solos los dichosos	1105
	que son de Dios muy amados.	
ALMA	Llévame a verla, Verdad.	
VERDAD	Aunque la engrandezco° tanto	*la alabo*
	de señora, es muy humilde,	
	y vendrá si yo la llamo.	1110
	¡Ah, señora Religión!	

Entra RELIGIÓN

| RELIGIÓN | Verdad amiga, ¿has llamado? |

	Vengo a saber qué me quieres	
	con mucho gusto y agrado.	
	Y bien sabes que te quiero	1115
	como a mí, y que he guardado	
	tu amistad con lealtad.	

VERDAD   Ya sé que me has estimado.
             Quiero que el Alma te vea   1119
             y que conozca tu trato°   *manera*
             porque se vaya contigo,
             que al Mundo ha desestimado.
             Y así la procuro yo
             su remedio, y de su estado,
             por esta razón, me obligo   1125
             a tener mayor cuidado;
             y querría que en tu casa
             se acoja como a sagrado°   *refugio (fig.)*
             porque° pueda estar segura   *para que*
             del Mundo y de sus engaños.   1130

RELIG.   Dichosa el Alma será
            si en mí buscare el descanso
            que no puede darle el Mundo,
            que sólo tiene trabajos.

MENT. [a MUNDO] Pobre de ti, ¡cuál te ponen![59]   1135

MUNDO   Mentira, ¿aquí qué aguardamos?
            La Religión ha venido;
            siempre nos persigue a entrambos.°   *nosotros dos*

MENT.   Espera a ver en qué para
            nuestro desgraciado caso,   1140
            porque yo a contradecir

---

[59] Es decir, ¡mira cómo te insultan!

	a la Religión aguardo.°	*espero*
MUNDO	Puede ser que el Alma mude	
	de parecer,° y que a entrambos	*cambie de opinión*
	nos torne° en su gracia hoy,	*vuelva*
	y más dichosos seamos.	1146
VERDAD	Dile, amiga Religión,	
	de lo que tienes guardado	
	en tu casa para aquéllos	
	que merecen alcanzarlo.	1150
	Dile algo de los favores	
	y de los dulces regalos	
	que tus hijos gozan siempre.	
RELIG.	Dirélo con mucho agrado.⁶⁰	
	Alma dichosa, apercibe	1155
	oídos desocupados,	
	corazón limpio y atento,	
	ojos despiertos y claros,	
	para oír lo que Dios tiene	
	en este cielo abreviado⁶¹	1160
	de la santa Religión	
	y suntüoso palacio	
	donde viven grandes reyes	
	y reinas, que dominando	
	sus afectos y pasiones	1165
	le son humildes vasallos,	
	vencedores de sí mismos	
	que, con esfuerzo bizarro,°	*valiente*

---

⁶⁰ Con este verso comienza la alabanza de la vida conventual. En boca de Religión y luego en la de Mentira, SM nos da la visión positiva y la negativa de la vida religiosa.

⁶¹ La monja en su convento vive en un pequeño cielo; es decir, el estado más cerca posible a él de la vida eterna.

alcanzan grandes victorias
de domésticos contrarios.⁶² 1170
Estas, pues, dichosas almas
que viven claustros sagrados,
gozan de bienes tan sumos
que no es posible contarlos,
en este puerto tranquilo 1175
que, de mar tan alterado⁶³
como es el mundo, en mi nave,
los que te digo, escaparon.
Tomáronle, pues, dichosos,
y viven tan sosegados,°   *tranquilos*
tan quietos y concordes 1181
que están de paz abundando.
Aquí se halla todo gozo,
todo deleite y regalo
que de la buena conciencia 1185
resultan muy levantados.
Aquí gozan de contino,°   *continuamente*
sin peligro ni embarazo,°   *dificultad*
del vino⁶⁴ que a los carísimos
deja siempre embrïagados. 1190
Aquí comunica Dios
muy a lo fino y despacio,
con su esposa fiel el Alma
que a su amor se ha dedicado.
Que si bien allá en el mundo 1195
tiene también sus privados,°   *amigos personales*
amigos fieles y esposas
que le sirven con cuidados,
no sé qué se tiene Dios

---

⁶² Se refiere a las propias pasiones contrarias a la virtud.

⁶³ Religión contrasta la vida del claustro (*puerto tranquilo*) con la vida en el mundo (*mar alterado*), un tópico común de la poesía mística.

⁶⁴ Se trata del vino eucarístico, la sangre de Jesús.

en estos sagrados claustros 1200
con las almas religiosas,
que parece que agradado
con mayor exceso de éstos,
les da mayores regalos.
Aquí les da de sus dones° *regalos*
tan liberal y tan franco 1206
que acreditara su amor
si no lo estuviera tantos.
Aquí los une consigo
con tan apretados lazos, 1210
con tan íntimas caricias
y regalados abrazos
que decirse no se pueden,
y sólo para estimarlos,
para agradecerlos sólo, 1215
no basta todo el cuidado,
toda la vida es muy corta
para beneficios tantos,
que puedan agradecerse
de caudales° limitados. *recursos*
Aquí, con suma concordia, 1221
muy unidos los hermanos
sirven y alaban a un dueño,° *Cristo*
sin envidiar a los altos
los que le son inferiores 1225
en los dones o en los grados,° *rangos sociales*
porque con grande igualdad
se gozan los que están faltos
de los bienes de los otros,
que así saben estimarlos. 1230
Todos se aman y acuden° *se atienden (fig.)*
en sus penas y trabajos,
si los hay en este cielo,° *convento (fig.)*
que yo, Alma, no los hallo,

                    antes todas las delicias,
                    los deleites y regalos   1236
                    que pueden imaginarse
                    y no son imaginados.
                    Si Dios te da vocación
                    y te llama a su palacio,   1240
                    si te lleva al paraíso
                    de deleites soberanos,
                    dale por esta merced
                    y favor tan de sus manos
                    incesables gracias, Alma,   1245
                    y ríndele° todo cuanto   *dale*
                    te pidiere este Señor.
                    Consúmete en holocausto
                    y no quede cosa en ti
                    que no ofrezcas a su agrado,[65]   1250
                    que no rindas a su gusto,
                    que estarás adivinando
                    porque vivir sin fervor,
                    sin viveza y sin cuidado
                    puede hacer la vida amarga   1255
                    que tan dulce te he pintado.

VERDAD   ¡Qué poco has encarecido,°   *alabado (fig.)*
                    Religión, lo que hay en ti,
                    tus dichas y tus delicias
                    que conozco que son tales   1260
                    que a saberlo los mortales,
                    todos a ti se vieran
                    y dulces frutos cogieran
                    en tus amenos jardines!
                    Pero Dios tiene sus fines   1265
                    en no descubrirlo a todos,

---

[65] Es decir, que debe practicar la humildad y los actos de contrición requeridos.

	y que por diversos modos	
	se salven sus crïaturas.	
Relig.	En mí estarán más siguras	
	de conseguir su salud.	1270
Alma	Con tan divina quietud	
	caminarán muy sin miedo.	
	Agradecerte no puedo,	
	Religión, señora mía,	
	las mercedes que este día	1275
	recibo con tu presencia.	
Ment.	Y yo, pidiendo licencia°	*permiso*
	salvo la buena crïanza,⁶⁶	
	a la seria Religión,	
	quiero un poco replicarla.	1280
	¡Qué azucarado lo ha dicho	
	y con qué de circunstancias	
	lo halló süave y gustoso	
	a lo que tiene mil faltas!	
	Alma, estáme un poco atenta	1285
	y te diré en dos palabras	
	lo que sin exagerar	
	en la Religión se halla:⁶⁷	
	una perpetua molestia	
	de voluntad quebrantada	1290
	en todas cuantas acciones	
	se ofreciere ejecutarla;	
	un comer siempre sin gusto	
	y en el beber siempre tasa°	*límite*
	porque Mortificación,	1295

---

⁶⁶ Mentira pide permiso para responder salvando así *la buena crianza*; es decir, la buena educación.

⁶⁷ Aquí Mentira empieza la lista de lo negativo en el convento.

que es una vieja cansada,
quita el bocado° de gusto   *porción de comida*
y aun de la boca le saca;
no deja satisfacer
la sed que más pena daba,   1300
y luego dice que Cristo
la padeció° más pesada;   *sufrió*
cuando se toma reposo
en aquellas duras camas,
al mejor tiempo despiertan   1305
con unas terribles tablas,[68]
terribles para las pobres
que tan sin piedad levantan;
pues ya si quieren rezar
u de leer tienen gana,   1310
luego tocan a acostar[69]
sin que haya réplica humana;
pues si, triste, alguna monja
quiere hablar una palabra
para algún poco de alivio   1315
de alguna pena ocupada,
luego llega aquel buen viejo
a quien el Silencio llaman
y la da represiones
con que la deja turbada;   1320
si por negras° de sus culpas   *malas (fig.)*
cae en faltas bien livianas,
el Buen Ejemplo la pone
como si fuera su esclava.
Para aliviar estas penas   1325
iráse a las oficialas

---

[68] Quería decir también las partes anchas del cuerpo, del muslo, por ejemplo. Aquí quiere decir con dolor en esas partes por dormir en camas duras.

[69] Referencia al sonido que señala la hora de silencio y retiro a la celda para dormir.

	y topará° unas torneras⁷⁰	*encontrará*
	sin memoria, y con mil gracias	
	como mala condición,	
	y otras que no hay que contarlas;	1330
	las provisoras,⁷¹ que siempre	
	votaron el ser escasas,	
	que esta profesión hicieron	
	con las roperas,⁷² la guardan,	
	que son de miseria estremo	
	sin encarecerlo nada;	1336
	las enfermeras por fuerza	
	han de estar siempre cansadas,	
	y más que a curar la monja	
	quisieran ir a enterralla;°	*enterrarla*
	de los demás, no te digo	1341
	porque el tiempo se me pasa,	
	tengo mucho que hacer	
	y es la relación pesada.	
	Y así, Alma, está advertida,	1345
	que te afirmo en puridad	
	que aunque me llamo Mentira,	
	que te he dicho la verdad.	
VERDAD	Así tengas tú la dicha,	
	como mientes sin compás.°	*reglas (fig.)*
ALMA	No tienes ya que cansarte	1351
	pues no creeré jamás,	
	Mentira, lo que dijeres;	
	ya no podrás engañar.	

---

⁷⁰ Son las monjas encargadas del torno adonde llegan a tocar los de afuera que quieren comunicarse con las de adentro.

⁷¹ SM a menudo se burla de las provisoras, las monjas responsables de la comida.

⁷² Son las monjas que cosen y reparan los hábitos y otras prendas de ropa.

Y estoy de la Religión	1355
tan pagada° y satisfecha,	*contenta*
que si tuviere trabajos	
estaré yo más contenta.	
Pues, llevados por tal dueño°	*Cristo*
que tanto los remunera,	1360
serán para mí más dulces	
que los gustos que me cuentan.	
Mi esposo se puso en cruz,	
razón es que en ella muera	
quien goza el título honroso,	1365
de esposa de tal grandeza.	
No voy a la Religión	
por gustos que en ella vea	
sino a padecer dolores	
que a mi dulce amado cercan.	1370
Abatimiento,° cansancio,	*prostración física*
fatigas, congojas vengan,	
desde aquí las llamo a todas,	
que a recibirlas abiertas	
tengo las mismas entrañas	1375
para guardarlas en ellas.	
Y esto no para afectar	
el premio ni otra excelencia	
sino sólo para dar	
gusto al que el alma me lleva,	1380
y por imitar a Cristo,	
que, con inmensas finezas°	*muestras de amor*
enamorado de mí,	
me pide correspondencias.	

RELIG. Mucho me alegro de oírte.   1385

VERDAD Estoy alegre y risueña.

MENT.	Y yo rabio de pesar.	
MUNDO	Y yo me muero de pena.	
VERDAD	¿A qué religión te inclinas, para que más gusto tengas?	1390
ALMA	A la Trinidad sagrada mi vocación se endereza, a las Descalzas humildes cuyas alabanzas fueran mi objeto en grandes elogios y en alabanzas perpetuas a no advertir, temerosa, que ofenderé su modestia.[73]	1395
VERDAD	Dices bien, porque al humilde no hay reprehensión severa como la humana alabanza.	1400
ALMA	Son, como humildes, discretas.	
VERDAD	Esta religión sagrada que Joan y Félix gobiernan,[74] sus divinos patrïarcas, luces del mundo y estrellas, poco dije, claros soles que la alumbran y hermosean a religión tan dichosa	1405

---

[73] SM en estos vv. hace referencia a su propia Orden. Es probable que este coloquio se representara para celebrar una profesión.

[74] Se refiere a Juan de Mata y san Félix de Valois, los fundadores de la Orden Trinitaria en 1198. La Orden fue luego reformada por san Juan Bautista de la Concepción en 1599 en una orden descalza. SM, por haber entrado en el convento en 1621, fue Trinitaria Descalza.

	que merece su defensa.	1410
	Y la de Inés soberana,⁷⁵	
	su patrona y niña tierna	
	que consagró de trece años,	
	con su sangre, su pureza,	
	al Cordero° que ella sigue	*Cristo*
	y ha premiado sus finezas	1416
	con hacer que patrocine	
	la religión más acepta	
	a la misma Trinidad,	
	pues la funda y la revela	1420
	con tan notables prodigios°	*milagros*
	y tan declaradas muestras	
	de que ha de ser suya toda	
	pues que a su nombre la entrega.	
RELIG.	También Ildefonso santo,⁷⁶	1425
	el amante de la Reina,	
	su mayor favorecido,	
	es de esta casa defensa	
	de las Descalzas, que ya	
	dichosas llamar pudiera	1430
	pues tienen a la Princesa	
	y Emperatriz de los cielos,	
	que cada día se aumenta.⁷⁷	
ALMA	Serán ellas muy dichosas	
	si acaso a servirla aciertan.	1435

---

⁷⁵ Se celebra la fiesta de Santa Inés, virgen y mártir de trece años, el 21 de enero. Es la patrona de la Orden Trinitaria. En los vv. que siguen se dan algunos detalles de su personalidad y vida.

⁷⁶ Se refiere a san Ildefonso, discípulo de san Isidoro de Sevilla, que se distinguió por su defensa de la virginidad de la Virgen María. Recibió el título de doctor de la Iglesia. La *Reina* del verso siguiente se refiere a la Virgen.

⁷⁷ Religión les llama dichosas (v. 1430) a las Descalzas por tener tal protector.

           También yo seré dichosa,
           y quiera Dios que lo sea
           si en compañía de santas
           también sirviere a la Reina.°   María

RELIG.   Confía que sí serás   1440
           y guardarás una regla
           de primitivo rigor,
           tan süave y tan discreta,
           que siendo en extremo dulce,
           es en extremo perfecta.   1445

ALMA   Ya muero por verme en ti,
           Religión santa, maestra
           de perfección donde Cristo
           da liciones° tan perfectas.   *lecciones*
           Acompáñame, Verdad,   1450
           para que mi entrada sea
           autorizada contigo.

VERDAD   La Mentira acá la deja
           con el Mundo miserable.

MENT.   Buen compañero me queda;   1455
           no dejaré de medrar.°   *mejorar (fig.)*

MUNDO   Y yo medraré con ella;
           ¿tan linda pieza me dan?[78]

MENT.   No dejo de serte buena,
           pues con mentiras negocias,   1460
           con mentiras te sustentas,
           y al fin con mentiras mueren

---

[78] Intercambio sarcástico entre Mundo y Mentira, cada uno quejándose del otro.

           los que corren por tu cuenta.
           Pero entre tantas mentiras,[79]
           una verdad sola es cierta:　　　　　　　　1465
           que he deseando, mis madres,
           dar gusto a sus reverencias.
           Perdonen mis ignorancias
           pues la voluntad es buena,
           que aunque se acabe el coloquio,　　　　 1470
           mi afecto siempre comienza.

MUNDO   Señoras, huyan de mí;[80]
           jamás en burlas ni en veras,°　　　　　　　*verdad*
           por más que la tiente el Diablo,
           con el Mundo no se metan　　　　　　　　1475
           porque, al cabo y a la postre,
           las pondré como unas negras.°　　　　　　*malas*

       A LA GLORIA Y HONRA DE DIOS Y DE LA VIRGEN MARÍA,
               CONCEBIDA SIN PECADO ORIGINAL.

---

[79] Este parlamento nos indica que era Marcela la que hacía el papel de Mentira. Abandona el papel para dirigirse como dramaturga y actriz al público, las monjas hermanas que presencian la obra.

[80] Mundo también se despide del público, aconsejándoles a las monjas que no se metan con él.

[3]

Jesús, María, Josef, Angel Custodio

COLOQUIO ESPIRITUAL "DE VIRTUDES"

entre

El Alma   La Oración
La Tibieza   El Amor Divino

Entra Alma *y* Tibieza

Alma	Siempre me estás persiguiendo;[1]	
	vete, Tibieza, de aquí,	
	que si viene la Oración,	
	nos reñirá como suele.	
Tibieza	Pues por eso te conviene	5
	no tratar tan de contino°	*continuamente*
	con tan mala condición.°	*carácter o personalidad*
Alma	Tú tienes poca razón	
	y no sabes estimar	
	las partes° de la Oración,	*cualidades positivas*
	su condición, su valor,	11
	su gracia y afable trato.	
Tibieza	No te sale muy barato,[2]	

---

[1] Desde las primeras palabras se sugiere una acción comenzada en *medias res*. Alma ya es estrecha amiga de Oración y por eso rechaza la amistad de Tibieza. Sin embargo, con este diálogo, Tibieza vuelve a la carga.

[2] Es decir, ser amiga de Oración le cuesta mucho a Alma, como explica Tibieza a continuación.

	pues ni comes ni sosiegas°	*descansas*
	después que con ella vives;	15
	desde entonces me persigues,	
	ni me regalas ni acudes.°	*me atiendes*
	Con tanta descortesía	
	me tratas desde aquel día,	
	Alma, que no te conozco.	20
	Solías ser más tratable,°	*sociable*
	más cortés, más agradable,	
	con todos comunicabas,	
	era grande gusto hablarte.	
	De todos huyes, ¿qué es esto?,	25
	y de mí en particular;	
	casi no te puedo hablar,	
	tan estraña, tan austera.	
	¿Quién habrá que no se muera	
	de congoja y aflicción?	30
Alma	Cesa, y oye la razón	
	de la mudanza° que dices:	*el cambio*
	que siempre me contradices	
	y no me dejas lugar,³	
	y harás mejor en callar	35
	que serme tan importuna.°	*insistente*
Tib.	¡Oh desdichada fortuna,°	*mala suerte*
	cuál la tiene la Oración!	
	Ya no escucha mi razón	
	y sólo las suyas⁴ oye,	40
	y de mí no se hace caso.	
Alma	Paso, paso,° que estás ya	*calma, cuidado*

---

³ Se entiende que Tibieza no le deja a Alma la oportunidad de explicarse.

⁴ Tibieza se queja de que Alma no le haga caso, sólo oye las palabras de Oración.

muy descortés y atrevida.

TIB.   No te enojes, por tu vida,
que por quererte yo tanto 45
te doy amorosas quejas.

ALMA   Nunca, Tibieza, me dejas,
siempre me aprietas y afliges,
nunca de esto te corriges
ni admites° mi corrección,   aceptas
sientes mal de la Oración 51
a quien estimo y venero,
y, por ella, no te quiero,
que es tu mortal enemiga.
Y si hay quien la contradiga 55
en mi casa y a mi lado,
iráse, y como la amo
siento mucho darla enojos.

TIB.   Pues, por vida de tus ojos,
que es una vieja engañosa 60
y aunque halagüeña,° enfadosa,   atractiva (fig.)
toda melindres° y estremos;   afectaciones
si nos vemos, no nos vemos,[5]
nunca contenta con nada,
y torciéndonos la cara 65
a cualquiera ocasioncita,
ni nos pone ni nos quita
para tanta barahúnda.[6]

ALMA   Yo no sé en lo que se funda
tu locura y desconcierto. 70

---

[5] Quiere decir "si nos vemos, es como si no nos viéramos."
[6] En los vv. 67-68 Tibieza dice que como Oración no favorece ni a la una ni a la otra, no vale la pena tanto lío entre ellas.

	Pues mira, y tenlo por cierto,	
	que la Oración ha de ser	
	todo mi bien y mi ser,	
	mi guía, mi regla y norte.	
Tib.	[*Aparte*] (¿Quién habrá que me reporte°	*preste atención (fig.)*
	viéndome tan despreciada	76
	del Alma y tan ultrajada	
	por mi enemiga Oración?	
	Mas la disimulación	
	me conviene en este aprieto.)	80
Alma	Ya te digo que, en efeto,	
	siempre la pienso buscar	
	y con ella sosegar°	*calmar*
	mi inquietud y mis congojas.	
	Ya no quiero tus lisonjas	85
	y halagos vanos y feos,	
	y te digo sin rodeos,	
	que no quiero ya tratarte;	
	por eso, vete a otra parte	
	donde seas admitida.	90
Tib.	Acaba ya, por tu vida,	
	de despreciar quien te quiere	
	y, por tu bien, sólo puede	
	padecer y sufrir tanto.	
Alma	¡Oh cuánto me pesa, oh cuánto,	95
	el verte tan relajada!°	*floja*
Tib.	Mejor dijeras, burlada,°	*frustrada la esperanza (fig.)*
	pues me tratas de tal suerte.°	*manera*
	No está muy lejos mi muerte	
	por correspondencia tal.	

		100
ALMA	Si tú me tratas tan mal	
	a mi querida y amiga,	
	¿qué quieres tú que te diga	
	si me das dos mil pesares,	
	si tú con ella no cabes,°	*no te llevas bien*
	si ella te aborrece a ti?	106
TIB.	No quiero yo para mí	
	el bien que a ti te deseo.	
	Como con ella te veo	
	las horas y los momentos,	110
	presumo que te trae cuentos	
	dañosos para tu vida,	
	que te gasta sin medida	
	el tiempo, y que no le⁷ tienes.	
	Veo que no te entretienes	115
	siquiera un rato con nadie,	
	que no dices un donaire	
	ni le oyes de buena gana,	
	y que, por tarde y mañana,	
	te escondes y te retiras,	120
	que por tu salud no miras	
	ni haces caso de la vida,	
	que sin tasa° y sin medida	*límite*
	te pones en los trabajos,	
	y a los altos y a los bajos	125
	tienes en poco y desprecias,	
	que gustas de las más necias	
	si tratan con Oración.	
ALMA	¡Oh qué larga relación	
	vas haciendo de mi modo!	130
	Y, considerado todo,	

---

[7] Referencia a *el tiempo* que Alma no tiene porque lo pasa todo con Oración.

	parece que estoy más tierna,[8]	
	que si Oración me gobierna	
	con tanta severidad,	
	pienso que me ha de acabar	135
	las cortas fuerzas que tengo.	
	También sus penas me da.	
TIB.	Pues y cómo si dará;	
	adelante lo verás	
	si no la dejas y huyes	140
	como merece y deseo.	
	[*Aparte*] (Yo lo veo y no lo creo,	
	que Alma rindiendo voy.)	
	Los parabienes° te doy,	*felicidades*
	Alma amiga, de tu dicha.	145
ALMA	Es muy notable desdicha°	*tristeza*
	tal padecer,° tal penar.	*sufrir*
TIB.	Y aquello de siempre andar	
	cabizbajos y estrujados,°	*agotados (fig.)*
	afligidos y empanados[9]	150
	en desvanes y en rincones;	
	si tú no lo descompones,	
	linda vida has de tener.	
ALMA	Pienso comer y beber	
	sin ahogo ni estrechura.	155
TIB.	Deja ya tanta clausura	

---

[8] En este v. y los siguientes Alma empieza a pensar en las dificultades de la oración.

[9] Es una comida puesta en pan y cubierta con masa de harina. Figurativamente se refiere a las habitaciones interiores de las monjas encerradas a las que no llega luz ni aire (*DA*).

	de potencias y sentidos,	
	que parece que oprimidos	
	los tienes en una prensa.	
	Y la Oración no te venza,	160
	que es astuta y lo procura.	
ALMA	Mejor me dé Dios ventura°	*suerte*
	que yo me deje en sus manos.	
TIB.	Más quiero que con extraños	
	comuniques, que con ella.	165
ALMA	No volveré más a ella,	
	digo con continuación.	
TIB.	Su hermana, la Devoción,	
	yo asiguro que te obligue.	
ALMA	Pues como yo me retire,	170
	con eso poco podrán.	
TIB.	Notable prisa me dan,	
	porque desean hablarte	
	dos personas de buen arte	
	y que tratan de virtud.	175
ALMA	Ahora tendré más quietud	
	y habrá tiempo para todo.	
TIB.	Pues bien será de ese modo	
	decir que pueden entrar.[10]	
ALMA	Aun espero más lugar,°	*tiempo*

---

[10] Puesto que la actitud de Alma ha cambiado, Tibieza puede dejar entrar a dos personas (v. 174) que le van a hablar de la virtud.

	y podrá ser que mañana,	181
	y con eso nos veamos.	
TIB.	Ea, dame aquesas manos.	
ALMA	Y los brazos, ¿por qué no?	

Sale ORACIÓN

ORACIÓN	Porque lo impediré yo,	185
	que aún estoy viva en el mundo.	
TIB.	[*Aparte*] (¿Hay descuido más profundo?)	
	¿Por dónde pudiste entrar?	
	Mas sin duda que al cerrar	
	las puertas de la razón,	190
	pudiste entrar, Oración,[11]	
	para venirme a matar.	
	[*Aparte*] (¿Hay tal pena, hay tal trabajo	
	como me da la Oración?)	
ORAC.	Quitarte la posesión	195
	del Alma pretendo°, loca.	*intento*
TIB.	Tu porfía° me provoca	*insistencia*
	a que diga desatinos.°	*tonterías*
ORAC.	Porque no tables caminos,[12]	
	vuelve Dios al Alma así.	200

---

[11] Tibieza se refiere a la idea de que la oración excluye la razón; idea que SM niega poniéndola en boca de una personaje negativa.

[12] *Tablar caminos* se refiere a cualquier división como los espacios entre filas de árboles en una huerta. Así se relaciona con el hecho de dividir, separar, o de poner dificultades.

Tib.	Malos años para ti.	
Orac.	De tu rabia estoy gozosa.	
Tib.	Miren ya la melindrosa,°	*afectada*
	desabrida° y retirada.	*áspera*
Orac.	Jamás serás bien hablada	205
	ni en tus yerros° habrá enmienda.°	*errores; corrección*
Tib.	[*Aparte*] (¿Por qué ella me reprehenda°	*corrige*
	he de quedar enmendada?)	
	Hipócrita y mal mirada;	
	estoy que pierdo mi seso.	210
Orac.	No te pasarás con eso,	
	que yo haré echarte de casa.	
	¿De casa? Y aun de la corte.¹³	
Tib.	¿De la corte? Bueno es eso,	
	depués que la traigo en peso	215
	y soy su guía y su norte.¹⁴	
Alma	Por mi amor, que se reporte,°	*se calme*
	señora Oración, no más,	
	que Tibieza es muy honrada.	
Orac.	Como tú diste entrada,	220
	estás ciega y atrevida.	
	Dime, ¿qué fue la ocasión?	

---

¹³ Oración, después de decir que echará a Tibieza de la casa, luego añade que la echará aun de la corte (Madrid).

¹⁴ La amenaza de Oración no le molesta a Tibieza que responde que ella es más aceptada por los madrileños que Oración.

ALMA	Vuestra seria condición,°	carácter
	y hallaros algunas veces	
	tan seca y tan desabrida°	áspera
	que ya no os puedo sufrir,	226
	que, o me he de dejar morir	
	o buscar mi desahogo.°	relieve
	Basta que lo deje todo	
	sin tan estraña apretura.	230
	¿No dio Dios a la criatura	
	ojos, lengua y sus oídos?	
	Vos queréis que estén dormidos,	
	o muertos, diré mejor.	
	Aquéste es mucho rigor;	235
	yo tengo mi voluntad.	
	Con vos, no más que amistad;	
	no me apretéis de tal suerte	
	que me ocasionéis la muerte	
	y una vida miserable.	240
ORAC.	En fin, has sido mujer	
	y, como mujer, mudable.[15]	
	[*Aparte*] (Quiero usar de mi blandura,	
	que si le muestro rigor,	
	ese poquito de amor	245
	que me tiene, ovidará.	
	¡Qué pensativa que está!	
	Ahora démosle un recuerdo.)	
	¿Y tu esposo°, que es tan tierno,	Cristo
	ha venido por acá?	250
ALMA	Antes° anda por allá,	al contrario
	y no puedo darle alcance.	

---

[15] En estos vv. SM repite lugares comunes con respecto a la mujer--que es mudable, débil, caprichosa y cambia de opinión fácilmente. SM intenta hacer de Alma ejemplo de lo contrario: una mujer fuerte y constante.

TIB.	[*Aparte*] (Parece que pierdo el lance;°	*mi intento (fig.)*
	quiero atreverme y llegar.)	
	Mira que estás en ayunas°	*sin comer*
	y el estómago se ahíla.[16]	256
ALMA	¿Está a punto° la comida?	*lista*
TIB.	Por estremo sazonada.	
ALMA	Yo me siento bien cansada	
	y con gana de dormir.	260
TIB.	Yo te lo quise decir;	
	acaba con Oración	
	y no escuches sus razones.°	*explicaciones*
ALMA	En gran confusión me pones,	
	y no sé cómo dejarla.	265
TIB.	Pues yo no puedo aguardarla,°	*esperarla*
	que el hambre me da fatiga.	
ALMA	[*Aparte*] (No sé cómo se lo diga;	
	ea, quiérome atrever.)	
	[a ORACIÓN] Un poco tengo que hacer,	270
	con tu licencia° querría,	*permiso*
	y también tu bendición.	
ORAC.	Si fueran de perfección	
	las acciones a que vas,	
	contigo fuera; y pues vas	275
	por sólo relajación[17]	

---

[16] "Se desmaya por falta de alimento" (*RAE*).

[17] Se refiere a un descanso que en el sentido moral implica lo contrario de

	y por quererlo Tibieza...	
TIB.	Si le duele la cabeza,	
	¿será pecado acostarse	
	y con eso repararse	280
	para volver a penar?°	*sufrir*
ORAC.	[*Aparte*] (En fin, ello ha de pasar,	
	que está muy determinada.	
	Mas no tiene dejada	
	tan del todo que no pueda	285
	quedarme alguna esperanza	
	y mucha perseverancia.	
	Mi amiga me ha de ayudar.)	
	Alma, ¿quiéresme llevar	
	y estaré a tu cabecera?°	*parte superior de la cama*
TIB.	Aqueso, cuando se muera	291
	que, por ahora, yo sobro.	
ORAC.	¡Oh quién te pusiera en cobro,°	*quien te hiciera pagar*
	Tibieza, en una galera	
	y allí te hiciera remar![18]	295
TIB.	Bien te puedes acostar,	
	que todo está prevenido.°	*preparado*
ALMA	En mi vida no he tenido	
	tal cansancio y pesadumbre.	
ORAC.	Aquesta negra costumbre	300
	de conversar esta dama	

disciplina y orden.

[18] Remando en las galeras fue un castigo tremendo para criminales de la época.

	hasta ponerte en la cama,	
	pienso que no ha de parar.	
Alma	No me puedo desviar	
	tan del todo como piensas.¹⁹	305
Orac.	Estas todas son ofensas	
	que se hacen en mi cara.	
Alma	En que nos mira repara,	
	y no te me llegues mucho.	
Orac.	[*Aparte*] (Con la caridad escucho	310
	del Alma las liviandades,°	*cambios de opinión*
	y para entrar con verdades	
	espero tiempo y sazón.)	
Tib.	¡Qué no nos deje Oración!	
	¿Hay tan cansada mujer?	315
Orac.	¿Cuándo te tengo de ver,	
	Alma, sin Tibieza al lado?	
Alma	Como ella, en fin, me ha crïado	
	y me tiene tanto amor,	
	no puedo hallar ocasión	320
	tan grande que la despida.	
	Ella procura mi vida,	
	mi contento y mi salud;	
	también trata de virtud	
	aunque es mujer de buen gusto.²⁰	325

---

[19] Alma se defiende diciendo que no puede estar tan completamente perdida como piensa Oración.

[20] Es decir, que no le habla de la virtud de una forma demasiado estricta o dura.

Orac.	Para atormentar al justo	
	tiene gracia singular.	
Alma	Yo no la puedo dejar,	
	que me entretiene y regala,	
	y me quiere con exceso.	330
Orac.	Muy bien pasarás con eso	
	y a tu esposo agradarás.[21]	
	No llegarás tú jamás	
	a espíritu verdadero	
	si no sacudes primero	335
	la Tibieza, a quien alabas.	
	Y cuando más me tratabas,	
	¿nunca tuviste regalo,	
	nunca estuviste contenta?	
Alma	Pides tan estrecha cuenta	340
	de acciones y pensamientos,	
	que das notables tormentos	
	a potencias y sentidos;	
	siempre que están divertidos°	*distraídos*
	te parece, y yo me aflijo;	345
	y no sé quién te lo dijo	
	que luego lo sabes todo.	
	Tienes tan terrible modo	
	que te digo, en conclusión,	
	que no me siento con fuerzas	350
	para tanta perfección.	
Tib.	Dios te dé su bendición.	
	[*Aparte*] (¡Con qué donaire° lo dice!	*espíritu*

---

[21] En los vv. 331-32 Oración habla con sarcasmo al decir que la actitud de Alma le agradará a su esposo (Cristo); la verdad es lo contrario.

	¡Cómo no la contradice	
	mi señora la Oración!	
	¡Qué triste y fría ha quedado!	355
	No sé cómo no le ha dado	
	algún mal de corazón.)	
	¿Háse asustado mi reina,	
	quiere un poquito de agua?	360
ALMA	Gran discurso piensa y fragua°	*planea (fig.)*
	tanta disimulación;	
	¿si se ha arrobado[22] Oración?	
TIB.	Antes° pienso que se ha muerto.	*al contrario*
ALMA	Vida tiene, yo lo siento,	365
	que aún la tengo algún amor.	
ORAC.	[*Aparte*] (¿Hay tan extraño rigor,	
	hay tal ceguedad y engaño?	
	El remedio de este daño	
	sólo puede ser Amor.[23]	370
	Llamar quiero a mi señor	
	y darle cuenta de todo.)	
ALMA	Muy bien podré de ese modo,	
	Tibieza, ya descansar.	
TIB.	Bien te puedes acostar,	375
	que hay calentura y no poca.	

---

[22] En el contexto del misticismo, arrobarse se refiere a la condición de quedar fuera de sí, experimentar un éxtasis religioso; es decir, unión con Dios por medio de la contemplación.

[23] Referencia a Jesús, quien es este coloquio lleva el nombre de Amor Divino. Este protagonista le permite a SM explicar sus propias ideas sobre cómo alcanzar la perfección. El *señor* del v. 371 se refiere a Jesús también.

ORAC.	[*Aparte*] (¿Qué se deje de una loca	
	gobernar el Alma ansí?	
	No hay más que aguardar aquí;	
	quiérome ya declarar.)	380
	Al Amor quiero llamar.	
	Alma, por Dios, no te escondas,	
	y mira que le respondas	
	con más agrado que a mí.	
ALMA	Como yo le vea aquí,	385
	ten por cierto que soy tuya.	
ORAC.	Procuro que seas suya,	
	que yo soy medio no más.²⁴	
	El es el fin donde vas;	
	no te pares en los medios	390
	y acertarás el camino.	
ALMA	¿Cómo contigo no vino	
	el Amor, pues le deseo?	
ORAC.	Para disponer, primero,	
	es fuerza, toda la casa²⁵	395
	esté adornada y compuesta,	
	limpia y desembarazada²⁶	
	como conviene a posada	
	de tan gran rey y señor.	
ALMA	¡Ay, mi querida Oración,	400

---

²⁴ Oración le explica a Alma que ella sólo es el medio para llegar a Jesús.

²⁵ El hipérbaton de los vv. 394-95 se entiende "para disponer toda la casa, primero es necesario (es fuerza) que esté adornada, etc."

²⁶ Figurativamente, es el estado de haberse apartado o separado de lo que le estorba o incomoda para conseguir un fin (*RAE*).

	quién le viera ya en su pecho,	
	que de contrición deshecho°	*fuertemente sacudido*
	lágrimas distila y vierte!	

ORAC. En viéndote de esa suerte
lo daré todo por hecho. 405
Es tan piadoso señor
el Amor dulce y süave,
que no hay cosa que no acabe
con él un solo suspiro.

ALMA ¡Ay mi amor, ay mi querido, 410
qué ingrata he sido y qué fiera!

ORAC. ¿Cómo es posible que quiera
dejarte de perdonar
viéndote por él llorar
y afligir de tal manera? 415

ALMA El permita que me muera
si le tornare° a ofender. *volviere*

Sale DIVINO AMOR

AMOR Vivirás, Alma, y tendré
la gloria de ser tú mía
y de que ganes victorias. 420

ALMA A ti se deben las glorias,
dulce dueño de mi vida.
Muy engañada vivía;
la Tibieza lo causó.

AMOR Pues por eso vine yo 425
a desterrar a Tibieza.

	[a Tibieza] Vete, necia porfiada°.	*obstinada*
Tib.	No dejo de ir bien medrada°.	*mejorada*
	¡Ay, desdichada de mí!	
	[*Aparte*] (Quiérome ir presto de aquí,	430
	que es poderoso señor	
	aqueste Divino Amor	
	y tiemblo donde él está,	
	que con sólo que me mire,	
	presumo me matará.)	435

Váse Tibieza

Amor	¿Fuése la astuta Tibieza?	
Orac.	Sí, señor, y va corrida.°	*avergonzada*
Amor	Si no se pone en huïda,	
	le hago cortar la cabeza.[27]	
Orac.	En tu presencia, señor,	440
	no pueden estar los vicios.	
	y así son ciertos indicios[28]	
	de que vives en el Alma,	
	cuando ella lleva la palma°	*gana la victoria (fig.)*
	y triunfa de su enemigo.	445
Amor	Si me tiene por amigo,	
	no habrá bien que no posea.	
Alma	¿Cómo habrá, señor, quien pueda	
	ofender tanta bondad?	

---

[27] El verso se entiende de forma metafórica. SM emplea expresiones así de fuertes en otras obras, una práctica común en la literatura de la época.

[28] Quiere decir que son indicios ciertos o seguros.

| | Mas púdolo mi maldad, | 450 |
| | que hace puntaº a tu grandeza. | *destaca por los méritos (fig.)* |

AMOR   Por eso yo, con destreza,
       sé vencer tus desvaríos.º   *inconstancias*

ALMA   Muy grandes fueron los míos,
       yo lo confieso, señor,   455
       pero, por eso, de amor
       son tus obras y tu nombre.
       Y por eso a nadie asombre
       ver que me perdones tanto.

ORAC. Cierto que yo no me espanto,   460
       antesº cierto una admirara   *al contrario*
       si el Amor no perdonara,
       aunque el Alma mal mirada
       hubiera errado otro tanto.
       ¿Queréis, Amor sacrosanto,   465
       que le diga al Alma yo
       las riquezas y los donesº   *regalos*
       que están ya con prevenciónº   *preparación*
       dispuestos en vuestra casa
       para su gusto y honor?   470

AMOR   Bien puedes manifestarle,
       que atenta escucha, Oración,
       lo que a tanta costa mía
       quiero darle en posesión.

ORAC. Tiene tu esposo querido,   475
       Alma dichosa, un palacio[29]

---

[29] Oración comienza una descripción de la *casa* (v. 469) celestial. Los vv. 478-497 combinan elementos de varias descripciones bíblicas del reino de Dios, especialmente de Apocalipsis 21 y 22.

digno de su majestad
con soberano aparato.
Las puertas son de cristal,
margaritas° y topacios   *perlas*
las guarnecen y hermosean   480
con artificios muy raros.
De miel corren dulces fuentes
en los jardines y prados,
cuyas olorosas flores   485
en sus matices° tan varios,   *colores mezclados*
a los ojos que las miran,
parece están convidando°.   *invitando*
Pues las sazonadas frutas,
jamás su beldad dejando,   490
inmortales no padecen
corrupción, que reservando
su belleza y su sabor,
alegres se están mostrando.
No hay en esta casa luz,   495
que el cordero soberano
es la antorcha que la da.
En este imperial palacio,
los moradores° que tiene,   *habitantes*
no hay decir cuán encumbrados   500
están, y cuán satisfechos
de gustos tan soberanos.
A Dios ven, con Dios están
unidos y transformados.
Con esto, ponte a creer   505
cuántos gustos han pensado,
cuántos deleites tenido,
cuántos bienes deseado
todos los hombres que hay,
los por venir y pasados,   510
y haz cuenta que todo es nada,

        es una coma, aun no rasgo
        de lo que gozan felices
        estos bienaventurados.
        Del solio° excelso de Dios,   *trono*
        donde asiste sacrosanto,   516
        no podré hablar, aunque sea
        de los querubines altos,[30]
        los que le asisten y sirven
        serafines abrasados;   520
        que de las tres jerarquías
        los espíritus alados,
        los ángeles, los arcángeles,
        los tronos tan realzados,
        las dominaciones fuertes,   525
        todos asisten temblando,
        que a Su Majestad° tremenda,   *Dios Padre*
        reverentes y humillados,
        cantan y alaban a un tiempo
        entonando: "santo, santo,"   530
        que, repetido tres veces,
        lo trino° manifestando,   *la Santísima Trinidad*
        dan al Alma más aprecio
        de este misterio sagrado.[31]

ALMA   No digas más, Oración,   535
        que me tienes admirada,
        y casi ya transportada
        tan gustosa relación.
        Pero de mi condición,

---

[30] En los vv. que siguen, SM describe las jerarquías de coros de ángeles celestiales. Consta de tres coros de tres series: 1) ángeles, arcángeles, virtudes; 2) potestades, principiados, dominaciones; 3) tronos, querubines, serafines.

[31] Se refiere al misterio de la Trinidad--Dios Padre, Hijo y Espíritu Santo--concepto fundamental a la Iglesia Católica y de particular devoción en la Orden Trinitaria de SM.

	quiero que adviertas agora,	540
	que todo cuanto atesora°	*guarda cosas de valor*
	mi esposo° en su gran palacio,	*Cristo*
	aunque lo estimo y venero	
	por ser suyo, que es razón,	
	no me da más afición	545
	ni mueve mis pensamientos,	
	que otros más altos intentos	
	viven en mi corazón.	
	Al Amor desnudo y fuerte[32]	
	anhelo con tanto afecto,	550
	que he de alcanzarle, en efecto.	
	Confío en mi amado esposo;	
	no busco el dulce y sabroso	
	sino el desinteresado,	
	que aqueste fin he mirado	555
	para fundarme mejor.	
	Que afectar° al tierno amor	*desear (fig.)*
	por lo dulce y lo gustoso,	
	tiene más de sospechoso	
	que de fineza y verdad.	560
AMOR	¡Oh con cuánta voluntad,	
	Alma, escucho tus favores!	
	Manifiestan tus ardores	
	lo aprovechada° que estás.	*mejorada*
	Agora conocerás	565
	cuántos daños te causaba	
	la engañadora Tibieza.	
ALMA	Yo le debo a tu grandeza	
	que se apartase de mí,	

---

[32] Alma comienza a explicar en los vv. que siguen lo necesario para adorar a Dios con la humildad y la sencillez apropiadas, sin pensar en los beneficios o los premios. SM repite estas ideas a lo largo de su obra.

	y si vuelve más aquí,	570
	contigo me libraré.	
AMOR	Si ella lo intentare, haré	
	castigar su libertad.	
ALMA	Deseo andar en verdad	
	delante de ti y de todos.	575
ORAC.	Muchos caminos y modos	
	tiene Dios para llevar	
	al eminente lugar	
	de la heroica perfección.	
	Mas entre todos escoge,	580
	Alma, el de la desnudez;[33]	
	aquesto, una y otra vez,	
	te aconsejo y persuado	
	por ser el cierto y siguro.	
ALMA	Decirme mejor no pudo	585
	tu afecto lo que me importa.	
AMOR	Ya de descansos acorta,	
	y entrará Contemplación,	
	vecina de la Oración,	
	y muy querida de mí.	590
	Y advierte que, desde aquí,	
	has de ser muy conversable,	
	muy urbana y agradable	
	con las virtudes más bellas,	
	que son las grandes doncellas	595
	cuya comunicación,	

---

[33] SM repite que el camino más seguro a la perfecta devoción es por la desnudez, palabra que indica sencillez, claridad y falta de interés personal. Vea la discusión de los temas de SM en la introducción.

	y su amiga la Oración,	
	te hará[n] perfecta y dichosa,	
	noble, rica y muy hermosa,	
	y a mis ojos agradable.	600
	No quiero ya que te hable;[34]	
	tente de otra suerte° o porte,°	*manera; conducta*
	y lo que aquesto te importe,	
	Alma, presto lo sabrás	
	y luego conocerás	605
	mi amor y tu obligación.	
ALMA	Ayuda, amiga Oración,	
	he de menester para dar,	
	de este favor singular,	
	gracias al Amor Divino.	610
ORAC.	El es tan tierno y tan fino	
	que se da por satisfecho	
	de que guardes en tu pecho,	
	con afecto agradecido,	
	cuanto hubieres recibido	615
	de su mano liberal.°	*generosa*
ALMA	Yo no tengo otro caudal°	*capital o fondos*
	para pagar beneficios	
	más de° unos cortos indicios	*más que*
	de que deseo acertar,	620
	para buscar en mis obras	
	su agradable voluntad.	
ORAC.	Con eso yo te asiguro	
	que no dejes de acertar,	

---

[34] Este v. puede explicarse como referencia a lo que estaban hablando estos dos personajes versos más arriba sobre el no permitir más la intervención de Tibieza.

	porque la recta intención	625
	da la perfección a todo.	
ALMA	Deseo saber el modo	
	cómo poder agradarte.	
AMOR	La mayor ciencia y el arte	
	más breve y de más primor,	630
	es ejercitar a Amor[35]	
	en palabras y en acciones,	
	el sufrir persecuciones,	
	el abrazar las virtudes	
	todas, y, en particular,	635
	las que son de más estima.	
	Esta es la cumbre y la cima	
	del monte de perfección;	
	subirás con la Oración,	
	compañera inseparable,	640
	y llevarás por tu guía	
	a la emperatriz María°	*la Virgen María*
	que es de las virtudes reina,	
	que, si te rige y gobierna,	
	llegarás a conseguir	645
	el fin de tus esperanzas	
	fundadas en tal aurora.	
ORAC.	Esta celestial señora°	*María*
	desea que te dispongas°	*te prepares*
	para hacerte mil favores.	650
ALMA	Todos mis vanos temores	
	pierdo con su protección.	

---

[35] En estos vv, en boca de Amor Divino, SM enseña cómo subir el monte de perfección; es decir, seguir las enseñanzas de Jesús y vivir virtuosamente.

ORAC.	Pues logra bien la ocasión,	
	y pídela que te ayude.	
AMOR	Como madre, siempre acude°	*atiende*
	a quien la llama de veras.	656
ORAC.	Para que obligarla puedas,	
	imítala en sus virtudes	
	y, muy en particular,	
	pon siempre en la caridad,	660
	reina de todas, tu mira.°	*mirada*
AMOR	Y verás cómo te anima	
	a procurar las demás	
	para no desfallecer,°	*faltar fuerza*
	porque es grande su poder	665
	y no hay cosa que no venza.	
	Será tu amparo y defensa	
	mi enamorada Humildad,	
	dama, aunque pobre en la tierra,	
	que grandes bienes encierra	670
	y atesora para el cielo.	
	Que no estimas bien, recelo,°	*sospecho*
	a su hermana la Pobreza,	
	señora de la grandeza	
	que pregonan sus estados,	675
	patrimonios y dictados,	
	que fundó la confianza	
	firme en Dios, que tanto alcanza,	
	más que los reyes del mundo	
	conquistando sus grandezas,	680
	que las humanas riquezas,	
	[¡]como pudier[a]n llegar	
	a lo que sabe Dios dar	

          a quien ama la pobreza[!]³⁶
          La macilenta° Abstinencia   *flaca*
          doncella de gran valor,   686
          como hija de la Oración,
          te acompañarás con ella,
          y con su hermana menor
          Modestia, discreta dama,   690
          de grande nombre y gran fama,
          siempre buscará tu honor.
          Y de su hermano mayor,
          a quien llaman el Silencio,
          a alabarte no comienzo   695
          porque no podré acabar,
          y es menester dar lugar°   *tiempo*
          a otras señoras y damas
          que gusto que comuniques,
          y que a las demás les quites   700
          toda comunicación.
          Y todas, en conclusión,
          son a Oración muy cercanas,
          como son primas y hermanas,
          tías o sobrinas todas.   705
          Si a tratarles te acomodas,
          darásme gusto notable.

ALMA   Y dime, señor amable,
          ¿cuándo las tengo de ver?

AMOR   Cuando sepas merecer,   710

---

³⁶ En los vv. 682-84 se hace la corrección del manuscrito de SM. Son versos difíciles de entender, pero tienen explicación cambiando la "o" del manuscrito por la "a" del subjuntivo. SM hace la apología de pobreza que presenta como gran señora conquistadora de grandezas espirituales, las cuales ha alcanzado por su gran confianza en Dios. Estas valen más que las grandezas y riquezas humanas a las que han llegado los reyes de toda la tierra.

	y yo te las comunique.	
Orac.	Disponte° y no habrá tardanza.	*prepárate*
Amor	La noble Perseverencia,	
	con su grave ancianidad,	
	dará lustre a tus acciones,	715
	y si a tu lado la pones,	
	todo lo conseguirás.	
	A Resignación harás	
	que te asista y no se aparte	
	de tu presencia un instante,	720
	que al punto° en mil confusiones	*pronto*
	te pondrán las ocasiones,	
	y luego serás perdida.	
	Regálala, por tu vida,	
	que es menester gran cuidado;	725
	no se te quite del lado,	
	vuelvo a encargarte mil veces.	
	Y mira que no tropieces°	*cometas un error*
	con Resignación en nada,	
	que es mujer muy delicada	730
	y te importa su amistad.	
	Tenla siempre con verdad,	
	que es dama de grande porte;°	*comportamiento*
	cuánto agradarla te importe,	
	muchas veces lo has oído.	735
	Basta que por enemigo	
	me doy de quien no la tiene;	
	tanto observarla conviene,	
	tanto me ofende su ofensa,	
	que me ofrezco a su defensa	740
	con mi poder soberano.	
	Traerás siempre de la mano	
	al buen viejo,° no dar quejas,	*silencio*

	porque si de ti le alejas	
	enojarás a Silencio,	745
	a Modestia y las demás,	
	y luego exprimentarás°	*experimentarás*
	mil molestias y fatigas.	
	Lo que pasares no digas,	
	Alma, sino a Dios nomás,[37]	750
	y tantos bienes verás	
	en ti que te maravilles.	
	Ya te lo dije otra vez;	
	a la hermosa Desnudez	
	quiero que estimes y honres	755
	porque° mi esposa te nombres,	*para que*
	que no lo serás si a ella	
	no la quieres de manera	
	que la prefieras a todas	
	que se te darán licencia.	760
	No me olvido de Obediencia,	
	señora tan principal	
	que todo cuanto caudal°	*virtudes (fig.)*
	tuvieres, Alma, adquirido,	
	si con ella no has vivido,	765
	haz cuenta que todo es nada;	
	ella tus faltas repara	
	y a tus bienes da valor.	
ORAC.	Parece ya, gran señor,	
	que os esperan con la fiesta.[38]	770

---

[37] Guardar silencio y no hablar de sus experiencias espirituales era una de las reglas más importantes para las monjas, más que nada para observar la debida humildad, pero el silencio también servía para evitar problemas con la Inquisición. Vea la sección sobre la oración en la introducción.

[38] Obviamente estos vv. indican que se representaba el coloquio como parte de una celebración, posiblemente en la ocasión de una profesión.

ALMA	Ya tengo yo manifiesta	
	de vuestra inmensa bondad	
	tanta merced, que caudal°	*riqueza*
	quisiera para poder	
	sabéroslo agradecer	775
	como pide el beneficio.	
ORAC.	Ese es, Alma, el propio oficio	
	que me toca; yo lo haré.	
AMOR	Ven, Alma mía, y haré	
	que descanses en mis brazos.	780
ALMA	¡Oh felicísimos pasos	
	que en tu servicio he de dar!	
AMOR	Ea, ven a descansar.	
	Llévala presto, Oración,	
	pues que con agrado acudes.	785
ORAC.	Aquí, mis madres, se acaba	
	el coloquio de virtudes.	
ALMA	Recibid la voluntad.	
AMOR	Y perdonad nuestras faltas,	
	que Amor, que nos hizo hacerlas,	790
	también puede perdonarlas.[39]	

A GLORIA Y HONRA DE DIOS.

---

[39] Note el doble sentido en los vv. 789-91. SM ha escrito esta obra por el amor de Jesús que le inspira y les pide perdón a sus hermanas por los errores en nombre de ese amor. A la vez SM ha dirigido el coloquio y ha representado el papel de Amor Divino, así que en su propio nombre (Amor) ella les pide perdón.

[4]

Jesús, María, Josef, Angel Custodio

COLOQUIO ESPIRITUAL "EL CELO INDISCRETO"

entre

El Alma	La Paz
La Sinceridad	El Celo Indiscreto

ALMA Yo te respeto y te amo
       como a mi madre y señora,
       y si he replicado agora
       a tus órdenes y gusto,
       no ha sido porque disgusto   5
       de obedecer puntüal.

PAZ   Quisiera que con igual
       amor me correspondieras.

ALMA   Quejarte de mí pudieras
       a no haber exprimentado°   *experimentado*
       mi puntüal obediencia.   11
       Y diré, con tu licencia,°   *permiso*
       que en servirte y estimarte
       no daré ventaja a nadie,
       aunque en lo demás, a todos.   15

PAZ   ¡Cuántos caminos y modos
       halla siempre la disculpa!

| ALMA | Si amarte tanto no es culpa, |
| | no la conoces en mí, Paz. |

PAZ	Quisiérate más capaz,	20
	para enseñarte el camino	
	más esencial, más divino	
	y, en fin, que guía a la vida,	
	que el que llevas, aunque es bueno,	
	no es tan siguro y tan llano.	25

ALMA	Llevándome de la mano	
	tu cuidado, iré sin miedo,	
	sin recelo° y sin zozobra.°	*temor; ansiedad*

PAZ	Es muy de primor la obra	
	que Dios quiere hacer en ti,	30
	y pónesle algún estorbo.	

ALMA	Como miserable obro,	
	pero advertida de ti,	
	la enmienda° ejecutaré.	*corrección*

PAZ	Presumo que no podré	35
	advertirte ni enseñarte	
	como conviene y deseo,	
	que muy prendada° te veo	*encantada*
	de una amistad que es nociva.°	*dañosa*
	Y no sé cómo te diga	40
	cuánto atrasa tus aumentos,	
	cuánto retarda tus dichas,	
	y nunca podrás medrar°	*mejorar*
	si no tratas de dejar	45
	tan necia conversación.	

ALMA	Tiene tan buena opinión, amiga Paz, este santo,[1] que comunicarle tanto se origina de su fama.	50
	Y también porque he sabido lo mucho que le han seguido y admitido sus consejos los más doctos, los más viejos	
	que más tratan de virtud.	55
PAZ	Por lo menos la quietud no la podrán alcanzar si le comunican mucho.	
ALMA	Con gran aflicción escucho, no te lo puedo negar,	60
	que le desprecies así siendo un hombre tan compuesto,°	*elegante*
	tan venerable y modesto que edifica sólo verle.	
	Y sé yo que, por tenerle en su casa y a su lado, un millón hubiera dado una persona muy santa.	65
PAZ	¡Oh qué poco se adelanta tu entendimiento esta vez!	70
	Lo que te impide no ves[2] el camino de la paz y tranquilidad divina	

---

[1] Se refiere a Celo Indiscreto. Comienza una disputa entre Paz y Alma sobre este personaje que no ha aparecido todavía.

[2] Los vv. 71-78 no hacen sentido. Si se sobreentiende *[Por] lo que te impide*, queda más claro, pero cambia el cuento poético del octosilábico normal.

	a que el espíritu inclina	
	cuando está muy bien fundado	75
	en la verdad que le alumbra;	
	que ese otro modo deslumbra	
	y escurece a cada paso.	

ALMA Decirme lo que hace al caso
es lo que siempre entendí   80
del afecto de este hombre.

PAZ   Aun siquiera por el nombre,
Alma, si advertida fueras,
conocer quién es pudieras
y recatarte° en efeto   *ser prudente*
porque si es Celo Indiscreto,³   86
nombre y apellido es tal,
que como de un grande mal,
guardarte fuera cordura.°   *sabiduría*

ALMA Así tenga yo ventura°   *suerte*
como siempre me pagó°   *me dio gusto*
su santidad, su buen trato.   92

PAZ   No te ha salido barato
pues te cuesta la quietud
el escuchar sus razones,°   *palabras*
pues hecha fiscal⁴ de acciones   96
de tus hermanos te trae
en átomos detenida.

---

³ Según se dice en el v. siguiente éstos son el nombre y apellido de este personaje; por eso van en mayúsculas.

⁴ En términos jurídicos quiere decir el que acusa en la corte. Aquí, figurativamente, significa entrometido, juzgando las acciones de otros. Paz le acusa a Alma de estar hecha fiscal, notando cada defecto de sus hermanos, por su asociación con Celo.

	Tan triste y inútil vida	
	bien se puede comparar	100
	con las que suelen pasar	
	los soberbios invidiosos	
	que todos se hacen odiosos	
	y a todos cansan y ofenden,	
	y los aborrecen todos.	105
ALMA	¡Qué de suertes,° qué de modos	*maneras*
	puede tener el engaño!	
	Mas por ti, en el desengaño,	
	Paz mía, caminaré,	
	y con eso bien podré	110
	conseguir el ser perfecta.	
PAZ	El ser muy justa y muy recta,	
	Alma, consiste en la paz;	
	sólo conmigo podrás	
	llegar al fin que pretendes.°	*intentas*
	Cuanto has menester entiendes,	116
	si solamente de ti	
	vieres defectos y faltas,	
	y en los otros solamente	
	advirtieres las virtudes	120
	no mirando sus defectos.	
	Estos todos son efectos	
	de espíritu verdadero,	
	esencial, sólido y puro,	
	donde ya la caridad	125
	vive de asiento contenta,	
	que el Celo necio atormenta	
	y no te deja gozar	
	de lo que Dios suele dar	
	al que, dejando cuidados	130
	que no le tocan, atiende	

	a conocer de su ser	
	la vileza y proceder	
	sin envestigar de nadie,⁵	
	que no le toque las cosas	135
	desabridas° o sabrosas,	*ásperas*
	quiero decir, las perfectas	
	o que lo dejen de ser.	
ALMA	¡Que tanto mal puede hacer	
	pesarme que mis hermanos	140
	no sean en todo buenos	
	y advertírselo tal vez!°	*alguna vez*
	Nunca presumí tal cosa.	
PAZ	Acción que es dificultosa,	
	darle el medio que conviene	145
	y la medida y la sazón°	*oportunidad (fig.)*
	en tal caso y ocasión,	
	y el acierto, el escusarlo	
	como hace el cuerdo y discreto.	

Sale SINCERIDAD

SINCERIDAD	El señor Celo Indiscreto,	150
	señora Paz, solicita,	
	con toda su gravedad,	
	hacer al Alma visita.	
	Pienso que ha llegado ya	
	porque anda con gran prisa.	155
	¡Qué galán! ¡Qué airoso pisa!°	*elegante (fig.) camina*
	Es el viejo muy brïoso.°	*animado*

---

⁵ SM repite esta lección, que Dios premia a los que saben reconocer su propia bajeza, de varias formas a lo largo de su obra. Vea la sección sobre sus temas en la introducción.

ALMA	Ya me parece enfadoso	
	por lo que la Paz enseña.	
	Él entra, quiero callar.	160

Entra CELO INDISCRETO

CELO	Al Alma quisiera hablar	
	en negocios° que la importan:	*asuntos*
	no en menos que ser muy santa.	
PAZ	Lo que fabrica° me espanta,	*inventa*
	lo que traza° es sin compás.⁶	*planea*
SIN.	Es su ingenio muy capaz,⁷	166
	y dicen que entiende mucho	
	de espíritus y virtudes,	
	con grande luz y destreza,°	*habilidad*
	y que, si a reñir empieza,	170
	que lo sabe proseguir.	
CELO	Yo te quisiera infundir	
	un aliento muy fogoso°	*ardiente*
	para saber enseñar,	
	corregir y amonestar	175
	sin cesar a lo mejor.	
SIN.	¿Y la prudencia, señor,	
	no será bien que lo temple?⁸	

---

⁶ Figurativamente significa sin "regla o medida de algunas cosas como de la vida" (*RAE*). Es decir, los *negocios* (v. 162) de Celo son fuera de lo razonable.

⁷ Sinceridad, en los vv. que siguen, queda impresionada por Celo. Alma ya está advertida por Paz, personaje de respeto y juicio.

⁸ Con esta pregunta y la de los vv. 200-203, Sinceridad empieza a dudar de la santidad de Celo y lo ve con menos respeto.

Celo	¿Y quién habrá que contemple	
	del mundo los desvaríos,°	*delirios*
	pecados, imperfecciones,	181
	tanto tropel° y ocasiones	*mucha gente*
	de males, despeñaderos°	*precipicios*
	que a cada paso topamos?	
	¿Quién tendrá quedas° las manos?	*quietas*
	¿Quién callar podrá si tiene	186
	del Señor° conocimiento?	*Dios*
	¿Puede haber mayor tormento	
	que tanto imperfecto ver?	
	En cierta casa entré ayer	190
	creyendo hallar gran virtud,	
	porque debían tenella,°	*tenerla*
	y otra cosa no vi en ella	
	sino mil imperfecciones.	
Sin.	¿Y riñólas su merced?	195
Celo	¿Pues cómo podía ser	
	dejar de reprehender[9]	
	tantos defectos y culpas	
	teniendo de ellos noticia?	
Sin.	¿Pues es el padre Justicia	200
	quien le dio cargo de todo?	
	¿No echa de ver que ese modo	
	le trae inquieto y sin paz?	
Celo	Como eres poco capaz,	
	Sinceridad, no me admiro	205
	que ignores así el camino	
	que ha de andar un siervo fiel.	

---

[9] Forma arcaica de reprender (corregir) que conserva el metro octosilábico. La forma aparece también en otros vv., por ejemplo 241, 475, etc.

Sin.	Ande su merced por él,°	*el [camino]*
	que a cada paso, sin duda,	
	tropezará en mil errores;	210
	los míos fueran mayores	
	si siguiera su doctrina.°	*enseñanza*
Celo	Es muy rara y peregrina°	*extraña (fig.)*
	para que el necio la entienda.	
Sin.	Yo pretendo° que la enmienda	*intento*
	entre primero en mi casa,	216
	y lo que en las otras pasa,	
	no lo quisiera saber,	
	que ni me va ni me toca.	
Celo	Tienes tú virtud muy poca	220
	para que puedas sentir	
	de los prójimos el daño,	
	y cuánto abrasa y consume	
	a quien tiene celo ardiente,	
	ver perdida tanta gente	225
	por no atender a su bien	
	y andarse tras lo finito,[10]	
	buscando siempre el encanto.	
Sin.	Si su merced es tan santo,	229
	procure° con oraciones	*consiga*
	más que con frías razones;°	*palabras*
	en su celda metidito,°	*metido (dim.)*
	hablando siempre poquito	
	y obrando con humildad	
	alcanzará grandes cosas.	235

---

[10] Referencia a cosas mundanas, figurativamente, en contraste con lo infinito, o sea cosas espirituales.

	Porque son vanas y ociosas	
	otras diligencias, Celo,	
	y encarecerte° no puedo	*alabarte*
	lo que me ofende tu modo.	
	Tú quieres saberlo todo,	240
	reñir y reprehender,	
	ajenos delitos° ver	*pecados de otros*
	y nunca mirar los tuyos[11]	
	más que[12] si inculpable fueras.	

CELO Si tú mi afecto tuvieras, 245
miraras por el decoro
y hora de aquel gran señor°   *Dios*
a quien el vil pecador
ofende tan sin recelo.°   *miedo*

PAZ Calla ya, Indiscreto Celo, 250
y conócete a ti mismo.

CELO Tengo en mi pecho un abismo
de congojas y aflicciones
porque pecan mis hermanos.

ALMA Mírate, Celo, a las manos, 255
que son tus obras, y advierte
y teme como a la muerte
mirar las ajenas culpas.

PAZ El buscarles las disculpas
de sus yerros° trae paz.   *errores*

---

[11] Los vv. 240-43 reflejan parte del Sermón del Monte. Jesús dice "¿Por qué miras la paja que está en el ojo de tu hermano, y la viga que está en tu propio ojo no consideras?" (San Lucas 6:41).

[12] Se diría hoy "más *como si* inculpable fueras."

| ALMA | El no está de eso capaz, | 261 |
| antes° cree que merece   al contrario |
| en entremeterse en todo. |
| Yo estaba del mismo modo |
| descomponiéndolo todo | 265 |
| y mucho más mi interior, |
| hasta que tú con tu amor, |
| Paz querida, me advertiste, |
| y con tu enseñanza hiciste |
| que el Celo Indiscreto huyera. | 270 |

SIN.   Cierto es que, de otra manera,
sin remedio te perdieras
y triste vida vivieras
enfadando a todo el mundo.

CELO   ¿Hay engaño más profundo   275
que califiquen por malo
el que tenga sentimiento
de que mi Dios no sea amado
como merece y deseo?
¿Puede haber más triste caso?   280
¿Puede hacerse en esta vida
más terrible desacato°   *falta de respeto*
a tan amable señor,[13]
a un dueño tan soberano?
¿Aquí, de Dios, que me obligan   285
a que salga de mi paso,
a que pierda en un instante
cuanto hubïere ganado
en tantas obras heroicas
como estoy ejercitando?   290
Señores, que pierdo el juicio.

---

[13] La palabra *señor*, y en el próximo v. *dueño*, se refieren a Dios.

ALMA	¿Pues cuándo estuvo ganado?[14]	
PAZ	Templad el tono y la voz.	
SIN.	¿Queréis iros más despacio	
	en esas exclamaciones?	295
	Mirad que juntáis el barrio,	
	pero eso en vuestra vida,	
	lo vemos a cada paso.	
	Más ruidos habéis movido,	
	comunidades turbado,	300
	más familias descompuesto	
	y disensiones causado	
	que tiene arenas el mar	
	y esta tierra tiene partos.	
CELO	¿A Elías[15] por semejanza	305
	decís tales desacatos?°	*cosas despreciables*
ALMA	Ese lo es, y herejía	
	que decís, Celo villano.	
	El celo que tuvo Elías	
	fue muy discreto y muy santo,	310
	y a los idólatras viles	
	persiguió muy alentado.°	*rigoroso*
	Pero vos, con imprudencias,	
	de vuestros santos hermanos	
	brujuleáis[16] los defectos,	315
	las virtudes acechando,°	*vigilando*

---

[14] Es un juego de palabras con el v. anterior. Alma le dice que nunca tuvo juicio.

[15] Se refiere a Elías, profeta del Antiguo Testamento, celoso por Dios, pero de forma respetable sin ser indiscreto como explica Alma a continuación.

[16] De "brujulear" que significa, figurativamente, "buscar con diligencia y por varios caminos el logro de una pretensión" (*RAE*).

	para descubrir en ellas	
	si hay algo que no esté sano,	
	y luego, de unos en otros,	
	lo vais diciendo y contando	320
	inquietando a vos y a ellos	
	sin que de todo este caso	
	se saque mayor provecho,	
	antes conocidos daños,	
	que yo, como exprimentada,°	*experimentada*
	digo lo que me ha pasado	326
	cuando necia os escuché,	
	que lo tengo bien llorado.	
	Y así quisiera que en mí	
	escarmienten° los más sabios,	*castiguen severamente*
	y no se dejen llevar	331
	de lo aparente y pintado	
	que así engaña y lisonjea,	
	de vuestro modo afectado,	
	de la santidad mentida	335
	con que encubrís los engaños,	
	con que paliáis° a veces	*aliviáis*
	inconveniencias y daños.	
SIN.	Como soy Sinceridad,	
	ya me lastimo de ver	340
	al Celo Indiscreto, triste.	
CELO	Porque el Alma me resiste,	
	estoy de aflicciones lleno.	
PAZ	Es un nocivo° veneno	*dañoso*
	andar siempre en inquietudes.	345
	No se adquieren las virtudes	
	a voces y con porfías.	

Celo	Estas son desdichas mías,	
	que mis intentos son santos.	
	Y esto probaré con tantos	350
	testigos cuantas personas	
	ha habido celosas siempre	
	en tan divinas historias	
	en el Viejo Testamento	
	y en el Nuevo, con mil glorias.	355
	Aquel celebrado celo	
	de Fines,[17] ¿quién no le abona,°	*acredita por bueno*
	con el cual dio muerte a dos	
	con su espada vengadora?	
Sin.	Por vuestra vida, don Celo,	360
	que no refiráis agora	
	sin propósito ni causa,	
	las tragedias lastimosas	
	de ahora cincuenta mil años.	
	Contadnos de las piadosas,	365
	pacíficas y quïetas,	
	humildes y fervorosas,	
	que mirándose a sí mismas	
	nunca miran a las otras.	
	Y siempre fue más siguro	370
	en esta cuestión dudosa,	
	juzgar que la otra es santa	
	y que yo soy pecadora,	
	porque en celos necios, siempre	
	nos ha dicho la experiencia	375
	que, en lugar de edificarla,	
	se destruye una conciencia.	

---

[17] También Fineas o Pinjás, nieto de Aarón conocido por su celo en castigar a los judíos infieles atravesándolos a cuchillo. Reaparece en el v. 805. (La palabra *dos* en el v. 358 es un posible error por parte de la copista; tiene más sentido *todos*.)

Paz	Y con buenas intenciones,	
	sin la prudencia miradas	
	y ejecutadas sin modo,	380
	se han hecho más desatinos°	*equivocaciones*
	que puede decir un loco.	
Celo	Todo lo tengo en muy poco,	
	y estoy de mí tan pagado,°	*satisfecho*
	que mi camino sin duda	385
	le tengo por acertado.°	*correcto*
	Y amando a Dios, que es tan bueno,	
	¿quién deja de procurar	
	que no tenga nadie faltas?	
Sin.	Vaya su paternidad[18]	390
	y súbase luego al cielo,	
	que en esta vida mortal,	
	si bien es grande el trabajo,	
	faltas no pueden faltar.	
	Y querría yo saber	395
	si con toda su bondad	
	juzga de sí no las° tiene,	*las [faltas]*
	que no querría yo más	
	para decir con mil ganas	
	que es mentira y falsedad.	400
Celo	No digo yo que soy bueno,	
	pero acreditando están	
	mi persona mis intentos	
	que sin torcimiento van	
	a buscar de Dios la honra.	405

---

[18] Título de respeto a un cura, padre religioso.

ALMA La vuestra[19] buscando vais,
porque Dios se glorifica
que en sólo callar y amar,
obedecer y sufrir,
el fundamento pongáis. 410

CELO Hablar con quien no lo entiende
es lo mismo que no hablar:
las cosas altas y raras
de vuelo se pasarán
a los talentos muy cortos; 415
los presentes lo serán.

SIN. Por la parte que me toca,
muy agradecido está
el favor; mil años viva[20]
talento que es tan cabal. 420

ALMA Calla, no hables en eso,
que se ofenderá la Paz,
y aun a ti misma te agravias
siendo la Sinceridad.

SIN. Es que hablaba yo de gracia...°   *de broma*

PAZ Cuando es la materia tal, 426
ni aun por gracia se hable en ello,
que siempre parece mal.

CELO Cuanto dicen son delirios.
Yo espero a ver si podrá 430
el Alma, que está engañada,

---

[19] *La vuestra* se refiere a la honra del v. anterior.
[20] Sinceridad le da las gracias a Celo por haber dicho que su talento era corto, pero no habla en serio como dice en el v. 425.

	reducirse° a mi verdad.	*convertirse*
	Quiero probar con halagos,°	*cortesías*
	aunque me parecen mal,	
	que lo rígido y lo serio	435
	es lo que conviene más.	

SIN.   Alma, que [a] halagarte llega.

ALMA   Con algún bastón será.
Yo con la Paz me defiendo,
no se me aparte jamás.   440
No quiero más inquietudes
por las ajenas virtudes.
No tengo más de un negocio:°   *trabajo*
dénse al trabajo o al ocio
cuantos en el mundo viven   445
pues que no están a mi cargo,
y sólo de mi descargo
me toca agora cuidar,[21]
de lo demás descuidar
como si sólo en el mundo   450
viviéramos Dios y yo.
¿Quién a mi cuidado dio
las almas de mis hermanos?
Estén enfermos o sanos,
Yo cuide de mi salud   455
y bien espiritüal,
porque si yo fuere tal
cual debo y deseo ser,
la oración alcanzará
para todo[s] muchos bienes.   460

CELO   Dime, ¿por qué te detienes

---

[21] En los vv. 443-48 Alma dice que no es su responsabilidad corregir a otros. Así va a cuidar sólo de sus acciones para que sean correctas ante Dios.

            y no sigues mis consejos
            y los desprecias y olvidas
            sin atender a tu bien?
            ¿Por qué tratas con desdén 465
            a quien siempre ha procurado
            que seas perfecta y santa?
            Qué poco que se adelanta
            tu fervor pues que ya olvidas
            tus prójimos° y me obligas *próximos*
            a que llore el que te pierdas. 471
            Si a oírme no te resuelves
            y a ayudar a tus hermanos
            con muchas exhortaciones,
            severas reprehensiones 475
            y discretas advertencias,
            perdiste cua[n]to ganado
            tenías cuando los dos,
            en los negocios° de Dios, *asuntos*
            hacíamos tanta hacienda.° *ganancia*

ALMA   Aunque Paz me reprehenda, 481
            tengo de° reñir con él. *tengo que*
            Dime, necio, di, crüel,
            ¿qué ganancia tuve yo
            cuando contigo vivía? 485
            ¿Tuve noche, tuve día
            que le pasase con gusto?
            Un continuado disgusto
            con tus celos e inquietudes,
            unas soñadas virtudes 490
            sin ningún ser ni sustancia.

SIN.   Y con pertinaz instancia,
            cansando a todos sin tasa,° *límite*
            ¿hubo convento ni casa,

	recogimiento,²² hospital	495
	que no recibiese mal?	
	¡Todas las trazas,° quimeras,°	*engaños; invenciones*
	que fabricó tu discurso	
	e indiscreto ejecutar!	
	No me quisiera acordar	500
	de los males que has causado	
	como necio porfiado,°	*insistente*
	como presumido y loco.	
ALMA	A cólera me provoco	
	sólo en pensando los daños	505
	que ha ocasionado tu celo	
	e indiscreto desvarío,°	*delirio*
	y harto grande fuera el mío	
	a no estar escarmentada,°	*castigada severamente*
	advertida y deseosa	510
	de no mirar jamás cosa	
	que no eche a buena parte.	
PAZ	Toda la ciencia y el arte	
	para conseguir dichosa	
	la amada tranquilidad	515
	que los santos tanto aprecian,	
	y por ella se desprecian	
	como la cosa más vil,	
	está sólo en presumir	
	que eres peor que todos,	520
	y que te llevan ventaja.	
	Con este estimarte baja,	
	como de verdad lo eres,	
	subirás cuanto quisieres,	
	y tanto descollarás,°	*tendrás éxito*

---

²² "Es el lugar o casa donde viven las mujeres retiradas o en clausura por voluntad o por penitencia" (*DA*).

	que te unas al más alto,	526
	viviendo sin sobresalto	
	de poder caer de ahí,	
	quiero decir, mientras vivas	
	en tu nada sepultada,	530
	en tu miseria enterrada	
	con profunda aprehensión,	
	sin que la vana opinión	
	haga ya impresión en ti,	
	y la de todos, así,	535
	crezca y se descuelle° más.²³	*sobresalga*
	Siempre alabarlos podrás	
	con sumo gusto y aprecio,	
	que en faltando el Celo necio,	
	te parecerá muy bien	540
	cuanto dijeren y obraren.	
Sin.	Por siempre jamás amén.	
	parece que has predicado,	
	Paz mía, con gran fervor.	
	Bendígate aquel Señor°	*Dios*
	que te me dio a conocer.	546
Alma	Grande bien nos quizo hacer.	
Celo	Inteligencia he tenido	
	que en cierta comunidad	
	se concierta un grande mal	550
	que ha de hacer riza° y estrago.°	*alboroto; ruin*
Sin.	¿Pues quién te trujo° esa nueva°	*trajo; noticia*
	de tanta pena y dolor?	

---

²³ SM, en el papel de Paz, expresa uno de sus temas más repetidos: el de la bajeza y la nada. Vea la sección de la introducción sobre sus temas.

Celo	Mi espíritu y grande amor	
	de mis prójimos y hermanos,	555
	que me hacen vivir en brasas.°	*ansioso (fig.)*
Paz	Por cierto que tú los pasas	
	con grande penalidad	
	e inútil trabajo siempre.	
Celo	¿Que es posible que consiente[24]	560
	el prior[25] cosa como ésta?	
	Que no tiene celo muestra,	
	no le han dado más, ¡Jesús!	
	Dios le dé de todo luz	
	para que rija° a los frailes	*gobierne*
	con vara de hierro fuerte.	566
	El lego[26] merece muerte	
	o si no, cárcel perpetua.	
Sin.	¿Han visto lo que se inquieta?	
	Consigo solo está hablando.	570
Celo	El lo está considerando,	
	y con eso se destruye,	
	porque el mozo, en tanto, huye	
	y queda el castigo en calma.[27]	
Sin.	Atiende, ¿qué dice, Alma?	575

---

[24] Hoy se pondría este verbo en subjuntivo. Celo habla aquí a sí mismo, como dice el v. 570.

[25] Título del padre superior en algunos monasterios, el que es responsable por las acciones de los frailes.

[26] Se refiere a un hombre religioso que no ha profesado ni como fraile ni cura.

[27] "Quedar en calma" quiere decir sin imponerle pena.

ALMA	En castigos y en prisiones,
	sus mal formadas razones
	están agora entendiendo.

CELO	Que esté el marido vendiendo[28]	
	su pobre mercadería,	580
	y su mujer sin tomar	
	la rueca o el almohadilla.°	*instrumentos de coser*
	¿Quién no se pudre o aflige	
	que su amo no corrige	
	a un crïado tan ingrato?	585

| SIN. | ¿Si tendrá también el gato |
| | su culpa y su corrección? |

CELO	Ya se perdió la ocasión,	
	y no podrá la abadesa[29]	
	diciplinar a la monja.	590
	Todo el diablo se lo lleva.	

SIN.	A ti te lleve con [ella],
	que no harás falta ni mengua
	en ésta ni en otra parte.

CELO	Perdiendo estoy la paciencia;	595
	atado estoy sin poder	
	discurrir como quisiera.	
	Que se pierden sin remedio	
	sin que quede ya en la tierra	
	sino mi celo y mi amor.	600

---

[28] Celo comienza a rabiar más, acusando a varias personas de cosas triviales. Por eso el comentario sarcástico de Sinceridad en los vv. 586-87 y luego en los vv. 601-607.

[29] Título de la madre superiora en algunos conventos que es responsable por las acciones de las monjas.

SIN.	Bien se le luce a la negra	
	y triste tierra que vos	
	solo estáis en su defensa.	
	¡Pobre siglo que ha venido	
	sin que otro reparo tenga!	605
PAZ	Menester es remediar	
	con alguna grave pena,	
	o curar con medicinas	
	locura tan manifiesta.	
ALMA	¿Qué remedio tomaremos	610
	para que sane de lepra°	*enfermedad (fig.)*
	tan grande y perjudicial	
	que inficiona° a cuanto llega?	*infecta*
SIN.	Aunque se juntasen hoy	
	Hipócrates y Avicena,	615
	el gran Galeno, Esculapio,[30]	
	y diesen cuantas recetas	
	y aforismos[31] sin cesar,	
	no sanarán los que tengan	
	enfermedades o achaques	620
	de tan nociva dolencia.	
ALMA	Pues, en fin, ¿qué se ha de hacer?	
	¿Hemos de querer que pierda	
	lo poco que le ha quedado	
	de juicio en estas materias?	625

---

[30] Son nombres de unos famosos médicos de la mitología, la antigüedad clásica y la época árabe medieval.

[31] "Sentencia breve y doctrinal, que en pocas palabras explica la esencia de las cosas. De estos aphorismos, o sentencias usan mucho los Médicos" (*DA*).

Paz	Yo le aplicaré remedio;	
	no digo porque él le tenga,	
	que siendo tan imposible	
	en pertinacia tan necia,	
	demás° de gastar el tiempo	*además*
	en tan inútil empresa,	631
	fuera desacreditarnos	
	si alguna lo pretendiera.	
	Pero en fin, para ausentarle	
	y echarle de nuestra tierra,	635
	yo discurriré después	
	lo que en todo más convenga	
	para que quietas estemos,	
	pacíficas y contentas.	
Sin.	¡Qué pensativo que está	640
	fabricando sus quimeras!°	*invenciones*
	Ni nos mira ni nos oye;	
	Dios, por quien es, de él se duela.	
Celo	Sí, sí, buen medio será	
	el partirme yo a la guerra	645
	a mirar si los soldados	
	bien las órdenes observan	
	que les da su capitán,	
	que será cosa muy fea	
	ver que en la milicia falta,	650
	en su modo, la obediencia.	
Paz	Que no es faltarle muy poco;	
	ya de necio ha dado en loco.[32]	
Alma	¡Notables aprehensiones!	

---

[32] Paz, Alma y Sinceridad deciden que Celo ya no es simplemente necio, está completamente loco.

Sin.	Esto es dejar al principio³³	655
	sin castigo las pasiones	
	este pobre, por dejarse,	
	con buena intención sería,	
	llevar de su condición	
	sin buscar consejo o guía	660
	que le ofrecías tú, Paz,	
	con tanto agrado y caricias.	
Paz	No se vio igual compasión.	
Sin.	Quiero seguirle el humor³⁴	
	para entretenerme un rato.	665
	Dénos éste de barato	
	de cuanto hemos padecido	
	con todas sus barahúndas.°	*escándalos*
Celo	Yo no sé en lo que te fundas³⁵	
	en no ir a misa temprano.	670
Sin.	¿Quién es ese mal cristiano	
	que no acude,° como debe	*presta atención*
	a tan grande obligación?	
Celo	Bien hayas tú que así vuelves	
	por la honra del Señor.	675
	Este es un regidorcico³⁶	

---

³³ Los vv. 655-60 quieren decir "esto pasa por dejar a este pobre, al principio con buena intención, sin castigar sus inclinaciones, sin buscar consejo o guía ...."

³⁴ En este parlamento Sinceridad dice que quiere entretenerse un poco con la locura del Celo, que no debe causar mucho daño y será justo considerando lo que ellas han sufrido por sus constantes correcciones.

³⁵ Celo se dirige a una persona presente sólo en su imaginación.

³⁶ Regidor (dim.), "el que rige o gobierna"(*DA*). Estas divagaciones de Celo

	de cosa de catorce años,	
	y solía ser bonico.°	*bueno (dim.)*
Sin.	¡Oh, qué males tan tamaños!°	*grandes*
	¿Pero cómo lo has sabido?	680
Celo	Hámelo dicho un crïado	
	que es, cierto, muy a mi modo.	
	Siempre me lo cuenta todo	
	cuanto ha pasado en su casa	
	y lo que en las otras pasa,	685
	que es muy santo y muy celoso.	
Sin.	Ese es caso milagroso,	
	que diga lo que en sus casas	
	hacen todos los vecinos.	
Celo	Tiene modos peregrinos°	*raros o extraños*
	para inquirir y saber.	691
Sin.	Muy sabio debe ser.	
Celo	Trata conmigo, ¿pues no?	
Sin.	Pues también lo seré yo.	
Celo	Eres muy llana y sencilla,	695
	y aún no creo que me hablas	
	con amor y con lisura,°	*llaneza*
	que es muy poca mi ventura,	
	y así todos me aborrecen.	
Paz	Cuanto sus delirios crecen	700
	tanto de tiempo perdemos.	

---

no tienen conexión.

ALMA	Déjale, que por lo menos,	
	no hace en otra parte mal,	
	y escusamos° disensiones.	*ocultamos*
CELO	Notable obstáculo pones	705
	para que, con más decencia,	
	más culto y mas reverencia	
	se celebren los oficios	
	en una Iglesia tan grave.	
	No lo tengo de sufrir;	
	antes lo pienso escribir	
	luego, al punto, a su eminencia.[37]	712
SIN.	¿Quién provoca tu paciencia	
	y inquieta tu gravedad?	
CELO	Una muy grande maldad	715
	que ha cometido cerca	
	de esta insigne villa y corte	
	en una pequeña aldea.	
	Unos órganos muy lindos	
	que había para las fiestas,	720
	estaban llenos de polvo	
	y sin ninguna cubierta.	
SIN.	Válgame Dios, ¡qué desgracia!	
	No haya consuelo para ella.	
PAZ	Bueno va de disparates.°	*comentario ridículo*
	Dios componga tu cabeza,	726
	y rogando por nosotros,	
	nos fortalezca las nuestras.	

---

[37] Un título honorífico de los cardenales de la Iglesia Católica desde el papa Urbano VIII.

ALMA	No sé qué se pueda hacer.	
SIN.	Yo daré una traza° buena.	*plan*
	¿No dicen que hay en Madrid	731
	casa de locos muy buena?	
	Pues inviémosle allá.	
PAZ	Pues aunque se ha vuelto loco,	
	con ellos tendrá contiendas.	735
	Dejad a los pobres locos	
	con su desgracia y miserias,	
	que sin duda crecerá[38]	
	en compañía como ésta.	
ALMA	Cierto que has dicho muy bien:	740
	aun un loco hallara pena	
	con un celoso ignorante	
	que la ventaja le lleva.	
SIN.	En fin, ¿qué habemos de° hacer?	*tenemos que*
	¿No hallas adónde puedas	745
	acomodar para siempre	
	a un hombre de tantas prendas?°	*cualidades positivas*
PAZ	Porque son tantas y tales	
	no está, ni con muchas leguas,	
	fácil la estancia que darle	750
	que a propósito lo sea.	
	¿Quién habrá que le reciba	
	o que consigo le tenga?	
	Pues ha de reñir a todos	
	en entrando por la puerta,	755
	en advirtiendo la falta.	

---

[38] El verbo *crecerá* concuerda sólo con *desgracia*.

ALMA　　También aunque no la° tengan.　　　　　　　　*la [falta]*
　　　　　Y si fueren las personas
　　　　　muy medidas° y compuestas,　　　　　　　　*moderadas (fig.)*
　　　　　no se librarán por esto　　　　　　　　　　　　760
　　　　　de una corrección severa;
　　　　　también en todos estados
　　　　　de casadas y doncellas,
　　　　　de monjas y frailes, pues
　　　　　con éstos siempre las riñas　　　　　　　　　　765
　　　　　más airadas° y sangrientas,　　　　　　　　*enojadas*
　　　　　ya si no son observantes,[39]
　　　　　y si lo son, también cela:°　　　　　　　　　*los vigila*
　　　　　si rezan, que rezan mal,
　　　　　si no rezan, eso cela;　　　　　　　　　　　　770
　　　　　de todo un pleito levanta
　　　　　y con nada se contenta.

SIN.　　　Estamos que no sabemos
　　　　　qué hacer de su reverencia.[40]
　　　　　[a CELO] Señor don Celo Indiscreto,　　　　775
　　　　　¿un consejo no nos diera
　　　　　porque en su casa° ninguno　　　　　　　　*su monasterio*
　　　　　recibirle en ella quiera?
　　　　　Estar en ésta no es
　　　　　para nadie conveniencia:　　　　　　　　　　780
　　　　　a usted porque no se halla°　　　　　　　　*no se encuentra a gusto*
　　　　　con gente que no pelea,
　　　　　y a nosotros por tener
　　　　　las cabezas muy enfermas,
　　　　　con que nos tiene este caso　　　　　　　　　785
　　　　　con grande cuidado y pena.

---

[39] Se refiere a los que obedecen o practican las reglas de la orden.
[40] Un título religioso de respeto, equivalente a *señor don* como título social de respeto en el siguiente v.

	Díganos [su parecer;]	
	así halle° quien le quiera,	*ojalá encuentre*
	quien le sufra, quien le escuche,	
	que hará grande penitencia.⁴¹	790
CELO	¿Eso se ha de preguntar	
	a un hombre de tantas prendas?°	*cualidades positivas*
	O el mundo se acaba ya,	
	pues vemos señales ciertas,	
	que aunque no es nuevo en el mundo	795
	el que la virtud padezca,	
	señales del Juicio⁴² son	
	pues que nada se reserva	
	al celo, al ardiente brío	
	de la observancia primera,	800
	al que siente como debe	
	de Dios todas las ofensas,	
	al prototipo de Elías⁴³	
	que viene por línea recta	
	de Fines y Matatías.⁴⁴	805
SIN.	Venga usted en hora buena	
	de todos esos señores,	
	que con tal sangre en las venas,	
	no era mucho que quisiese	
	que todo hombre pereciera;°	*muriera*
	cierto que usted es muy honrado	811

---

⁴¹ La persona que hará penitencia es la que sufra y aguante a Celo.

⁴² El Día del Juicio se refiere al último día del mundo cuando vendrá Jesús para salvar a unos y condenar a otros. Según el Libro de Apocalipsis habrá señales catastróficas antes de ese día.

⁴³ Profeta del Viejo Testamento, celoso por Dios, pero sin ser indiscreto.

⁴⁴ Fines, conocido por su celo en castigar a los judíos infieles; Matatías, del Antiguo Testamento, luchó contra los enemigos del pueblo judío y es padre de los Macabeos.

Alma	En buena nos ha metido.	
Sin.	Levantado hemos cantera.⁴⁵	

si tiene tal ascendencia.

ALMA   En buena nos ha metido.

SIN.   Levantado hemos cantera.⁴⁵

CELO   ¿A mí echarme de su casa   815
el Alma, que sin mí queda?
¿Qué ha de hacer sino perderse?
Sin Celo, ¿quién la despena?°   *quita las penas*

PAZ   Grande trabajo tendrá
si le faltan las pendencias.   820

CELO   Y los méritos, señora,
que gana el que siempre cela.

PAZ   Mejor dirás los que pierde
con andar continuo inquieta.
Pero al fin yo determino,   825
que soy la paz verdadera,
que tú no quedes en casa,
y que el Alma no te vea,
no te sustente ni admita
por un instante siquiera.   830
Y no hay réplica ninguna
que ya de importancia sea
porque lo tengo mirado
con toda cuanta advertencia
he sabido, y así estoy   835
en esto ya muy resuelta.
Mira, ¿cuándo quieres irte?

---

⁴⁵ La frase significa dar causa "con algún dicho pesado, embuste o cuento" a grandes disensiones difíciles de sosegar (*DA*). Apoya lo dicho por Alma en el v. anterior.

	Porque° al punto se prevenga°	*para que; se prepare*
	lo necesario al viaje,	
	porque vayas con decencia.	
SIN.	Mire usted si quiere coche,	841
	caballo, mula o litera,	
	que escoja a su voluntad,	
	que está muy pronta la nuestra°	*nuestra [voluntad]*
	a darle cuanto pidiere	845
	porque se vaya y no vuelva.	
CELO	En postas[46] caminaré	
	por llegar presto a esa tierra	
	que estará necesitada	
	de quien la cele y advierta.	850
SIN.	Habla usted como quien es.	
	Está esperando sedienta	
	a que usted la dé de palos	
	con sus palabrazas° secas.	*palabras severas*
CELO	Ella estará deseosa	855
	de mi corrección severa,	
	que no son todos ingratos	
	que han de aborrecer quien lleva	
	ánimo de corregirlos	
	y procurarles la enmienda.	860
SIN.	Como usted en Etiopía	
	o en Berbería prevenga	
	correcciones a costales	
	o a carros, enhorabuena.	

---

[46] *En postas* se refiere a un servicio de caballos, transporte de la época para viajar lo más rápido posible, como dice Celo en el v. 848. En cada estación se cambiaba de caballo para seguir el viaje.

	Y cierto que hará una obra	865
	de caridad muy acepta	
	si fuese a ver si el Gran Turco°	*sultán de Turquía*
	pone el turbante a derechas,⁴⁷	
	y a mirar si el preste Juan⁴⁸	
	guarda en la risa modestia,	870
	y si las genuflexiones,	
	con puntualidad atenta,	
	las hace como debría	
	el gran Tamorlán de Persia.⁴⁹	
	Y si no hacen estas cosas	875
	con espíritu y decencia,	
	obra será meritoria	
	el quebrarles las cabezas.	
CELO	De todo estoy advertido,	
	mi cuidado en todo piensa.	880
	Y nada puede omitir	
	el celo que me atormenta.	
SIN.	[a CELO] Enhorabuena, señor,	
	viva con esa pelea,	
	[a las otras] pues él en ella se mete	885
	sin obligación que tenga.	
PAZ	Es muy justo que quien busca	
	sin grande ocasión la guerra	
	en ella muera infeliz	
	sin que lástima le tengan.	890

---

⁴⁷ SM, burlando de las preocupaciones sin sentido de Celo, menciona algunos personajes fabulosos, relacionándolos con acciones ridículas.

⁴⁸ Un personaje legendario a quien se atribuían grandes riquezas y tesoro.

⁴⁹ Se refiere a Tamerlán, forma castellana de Timur-Lenk, gran conquistador asiático (1336-1405).

Alma	¡Oh dichosísima Paz!	
	quien te busca y te desea	
	ya tiene gajes° de gloria	beneficios (fig.)
	y ya las estrellas güella.⁵⁰	
	No más mirar en los otros	895
	faltas grandes y pequeñas,	
	en las mías ser un lince,⁵¹	
	sin ojos en las ajenas.	
	Al contrario solía ser,	
	pues con tan poca advertencia,	900
	era un Argos⁵² para todos	
	sin que excepción admitiera,	
	y para mí tan sin ojos	
	como si no los tuviera.	
Paz	Gracias al que quiso darte	905
	la luz en esas tinieblas.	
Alma	Bendito y glorificado	
	por eternidades sea	
	que esta ciencia me ha enseñado	
	de ver sólo mis miserias.	910
Sin.	No te ha hecho poca merced.	
Alma	Más mi alma la° venera	la [merced]
	que los éxtasis y arrobos	
	que tanto todos celebran.	
	Y cuando yo, miserable,	915

---

⁵⁰ Tercera persona singular del verbo hollar, que significa pisar o andar sobre algo. Hoy se escribe "huella." Alma dice, metafóricamente, en los vv. 893-94, que la persona que vive con paz ya está viviendo en los cielos.

⁵¹ Un animal de visión aguda, así que ser un lince significa ver bien y claramente.

⁵² Un personaje mitológico que tenía el cuerpo cubierto de ojos.

	tales dones° mereciera,	*regalos*
	le suplicara rendida	
	y con humilde obediencia,	
	me conmutara el favor	
	de grandes inteligencias	920
	en saber conocer bien	
	mi nada y propia bajeza.⁵³	
Paz	Eso es lo cierto y será,	
	y lo demás, peligroso.	
Sin.	Entiendo que escrupuloso	925
	está don Celo Indiscreto	
	por la plática de agora.	
Celo	Todo mi sentir ignora,	
	que yo estoy considerando	
	lo que cierto está pasando	930
	en el Colegio Imperial,⁵⁴	
	que el sacristán ha hecho mal	
	y no anduvo reverente,	
	pues pasando por enfrente	
	de la capilla mayor,	935
	pasó como si pasara	
	por su celda o aposento.⁵⁵	
Sin.	¿Y aqueso te da tormento?	
Celo	Me traspasa el corazón.	
Sin.	Con grandísima ocasión:	940

---

⁵³ Los temas de la nada y la bajeza se encuentran a lo largo de la obra de SM. Vea la sección sobre los temas en la introducción.

⁵⁴ Se refiere a un colegio perteneciente a los Jesuitas.

⁵⁵ En el monasterio la celda es el dormitorio y el aposento es el despacho.

	no he oído mayor maldad,	
	pero siempre la comete	
	todo humano sacristán,	
	y tienen breve del Turco[56]	
	para no hacer reverencias.	945
PAZ	Sinceridad, ¿en qué piensas	
	que no vas a prevenir°	*preparar*
	la jornada° sin tardanza?	*viaje*
	Esto es de suma importancia;	
	no te entretengas agora.	950
SIN.	Iré corriendo, señora,	
	y aun volando si pudiera,	
	que a trueco de° que se fuera	*en cambio por*
	no habrá cosa que no intente.	
PAZ	Espera, que de repente	955
	se me ofrece que buscar	
	será bien dos hombres fuertes	
	que nos le saquen de casa	
	porque no haga resistencia.	
ALMA	Señora, con tu presencia,	960
	¿cómo podrá porfiar?°	*insistir*
SIN.	Mejor será asigurar	
	no nos dé de mojicones,°	*riñas*
	que el quitar las ocasiones	
	siempre fue muy acertado.	965
CELO	¡En el frenesí que ha dado	

---

[56] "Breve" se aplicaba al documento papal de menor extensión e importancia que la bula. Como es del sultán de Turquía, obviamente se dice por burlar de Celo.

	de querer vivir sin mí!
	Pobre Alma, Sinceridad,
	para sus tristes hermanos
	que se pierden sin remedio.	970

SIN. Ponte tú, Paz, de por medio
cuando quiera ya partirse,
no sea que de su mano
me dé alguna triste prenda°   *regalo de recuerdo*
para que pueda acordarme   975
de su mercé⁵⁷ aunque no quiera.
Temblando de miedo estoy,
y en el pulso intercadencias⁵⁸
tengo, juzgándome ya
o descalabrada° o muerta.   *lastimada en la cabeza*

ALMA Si te acompaña la Paz,   981
Sinceridad, no le temas.

PAZ ¿Buscaste los hombres fuertes?

SIN. Sí, señora, y a la puerta   985
están, cierto muy alegres
de sacarle de esta tierra.

PAZ ¿Supiste cómo se llaman?
Porque los nombres convengan
con lo que han de ejercitar,
porque a propósito sean,

---

⁵⁷ Forma arcaica de merced, título de respeto. Otra vez Sinceridad, faltando sinceridad, se dirige a Celo.

⁵⁸ "Entre los Médicos vale desigualdad en el movimiento del pulso, o interrupción de él que sucede cuando entre dos pulsadas naturales, hay otra preternatural, con que se interrumpe la igualdad del movimiento. Tienela los Médicos por señal mortal" (*DA*).

	¿buscaste los que te dije?	991
Sin.	Los mismos, y ojalá fueran muchos más, porque mi miedo un ejército quisiera. ¿Si me sacara los ojos, si me arrancara las muelas? Presumo que ya mis miembros mutilados se presentan [al Señor ...][59] recíbalos su clemencia. Ya miro el triste cadáver que yace sobre la tierra siendo pasto de las aves u de la sangrienta fiera. ¡Ay de mí! ¿Qué puedo hacer?	995

1000

1005 |
Alma	Sinceridad, ¿si no entran porque temen esos hombres de este otro la gran braveza?	
Sin.	Son ellos cuerdos sin duda, porque llevarán si entran lo que aquesta desdichada con tanto temor espera.	1010
Paz	No es por temor el no entrar, que no es posible que tenga el Conocimiento Propio[60] miedo a nada que no sea	1015

---

[59] Este v. cortado no se puede leer en el manuscrito.

[60] Conocimiento Propio y Propio Desprecio (v. 1021) son los nombres y apellidos de los dos hombres que han llegado para llevarse a Celo. Estos nombres reflejan la bajeza y la nada, respectivamente, conceptos predilectos de SM.

                    el salir de conocer
                    su nada con tal certeza.
                    Pues el otro, que es muy noble,
                    tampoco es justo que tema,   1020
                    que siendo el Propio Desprecio,
                    no habrá nadie que le ofenda.

SIN.   Un inconveniente hay
                para que llevarle puedan.

PAZ   ¿Cuál es?

SIN.   Ser mudos los dos,   1025
                que yo lo he visto en las señas.⁶¹

PAZ   ¿Qué importa que sean mudos?
                Ellos harán su obediencia.

ALMA   El Propio Conocimiento
                y el Desprecio Propio aciertan   1030
                para mirarse mejor:
                con alta y sabia prudencia
                siempre añadirán de ojos
                lo que les falta de lengua.

SIN.   ¡Oh qué linda añadidura   1035
                si el Divino Provisor°   *Dios*
                por dicha a mí me la diera!⁶²
                Más la quisiera en mi plato
                que la ración más entera.
                Si de los que has escogido   1040
                que le saquen de esta tierra,
                él se acompañara siempre,

---

⁶¹ Es decir, las señas que usan entre sí para comunicarse.
⁶² SM expresa, en boca de Sinceridad, el precepto importante del silencio.

	sanara de su dolencia.°	*enfermedad*
CELO	¿Qué dolencia tengo yo? Vosotras sois las enfermas; no sólo en la voluntad, del entendimiento ciegas, desterráis de vuestra casa quien la defiende y la cela.	1045
SIN.	Ya escampa,° señoras mías, no hay sino prestar paciencia.	*se va* 1051
CELO	Yo no lo siento por mí, más me duelen vuestras menguas,° que a mi persona con ansia en muchas partes esperan.	*pérdidas* 1055
SIN.	Pues si os esperan, señor, al martirio se prevengan.°	*se preparen*
PAZ	Yo te veo pertinaz, sin esperanza de enmienda,° y por eso doy agora definitiva sentencia. Escribe, Sinceridad, y el Alma esté muy atenta.	*corrección* 1060
SIN.	Aquí está tintero y pluma bien cortada, y bien ligera la mano para escribir una tan justa sentencia.	1065
PAZ	Escribe que desterrado el Celo Indiscreto sea a las islas más remotas,	1070

	inhabitables y yermas,	
	sin poder jamás vivir	
	donde haya gente discreta.°	*juiciosa*
ALMA	Grande aunque justo castigo.	
CELO	Muy grande castigo fuera	1075
	si no supiera yo hacer	
	entendidos con mi ciencia.°	*conocimiento*
SIN.	Necios dijeras mejor.	
PAZ	Prosigue y no te detengas.	
	Que en monasterio jamás	1080
	entrar, ni aun mirarle pueda.	
CELO	De eso no se me da nada	
	pues que no he menester puertas.	
	Además que a mí las monjas	
	y los frailes, con presteza,°	*pronto*
	como sin mí no se hallan,	1086
	me buscarán dondequiera	
	que estuviere, aunque del mundo	
	salido una vez hubiera.	
ALMA	Para todo halla salida.	1090
PAZ	Yo me güelgo⁶³ que la tenga,	
	que en su fantasía sólo	
	tiene ser ya sus quimeras.°	*invenciones*
	Y no escribas más, pues basta	
	que él aquestas cosas sepa,	1095
	que orden llevarán los dos	
	que en su compañía lleva,	

---

⁶³ Hoy se escribe "huelgo," palabra arcaica que significa "gozo."

	para que le acaben luego
que vieren que no se enmienda.	
Sin.	¿Entrarán esos señores?	1100
Paz	Entren muy enhorabuena.	
Sin.	No son sordos, aunque mudos.	
Alma	Nunca lo fue la obediencia.	
Sin.	Entren, señores hidalgos.	1104

Entran Conocimiento Propio y Desprecio de sí, *haciendo señas como mudos*

Alma	Con qué despejo° que entran.	*valor*
Paz	Asilde° y llevalde° aprisa.	*asidle; llevadle*
Celo	Yo me iré sin tanta fuerza,
que harto deseo ya irme
adonde ejercitar pueda
en reñir con gran coraje
todo lo malo que vea.	1110
Sin.	¿Ven cómo se va enmendando?	
Paz	Salga sin tardanza fuera.	
Celo	Dichoso yo que me voy,
e infelices los que quedan
sin quien riña y sin quien vea
todo lo malo que hacen.	1115

Sin.	Su reverencia descuide, que primero faltará la comida y aun la cena.	1120
Paz	Ya nos detenemos mucho, perdonen sus reverencias.⁶⁴	

Los que [en]traron [se] lleven [a] Celo Indiscreto

Alma	De los yerros° del coloquio	*errores*	
	pide perdón sor Marcela		
	para lo representado,		1125
	que está sin dientes y muelas.		
Paz	Para lo escrito, que estaba con gran dolor de cabeza, además que ya, la pobre, caduca como tan vieja.⁶⁵		1130
Sin.	Pero amaros y serviros, aunque a serviros no acierta, siempre lo desea, y tiene un ansia muy verdadera.		
Paz	A todos el cielo guarde haciéndolos muy perfectos, y el Celo Indiscreto, madres, en ninguna no se vea.		1135

A Gloria de Dios y de Su Bendita Madre.
Hoy, 11 de septiembre de 1659.
Escribióse en el Noviciado para una Profesión.

---

⁶⁴ Los vv. 1121-22 van dirigidos a las espectadoras, las hermanas Trinitarias, por eso "sus reverencias."

⁶⁵ Parece probable que SM haga el papel de Paz debido a la auto-burla, característica común en su obra, y porque Paz es la que cierra la representación.

Bibliografía selecta

Arenal, Electa y Georgina Sabat-Rivers. *Literatura conventual femenina: Sor Marcela de San Félix, hija de Lope de Vega. Obra completa.* Barcelona: PPU, 1988.

-----. "Voces del convento: Sor Marcela, la hija de Lope." *Actas del IX Congreso de la Asociación Internacional de Hispanistas,* Frankfurt am Main: Vervuert Verlag, 1989, 591-600.

Arenal, Electa y Stacey Schlau. *Untold Sisters, Hispanic Nuns in Their Own Works.*

Amanda Powell, translations. Albuquerque: U of New Mexico P, 1989.

Barbeito Carneiro, María Isabel. "La ingeniosa provisora Sor Marcela de Vega. *Cuadernos bibliográficos* 44 (1982): 59 70.

-----. *Escritoras madrileñas del siglo XVII, Estudio bibliográfico-crítico.* Madrid: Universidad Complutense, 1986.

Fothergill-Payne, Louise. *La alegoría en los autos y farsas anteriores de Calderón.* London: Tamesis, 1977.

Hormigón, Juan Antonio, ed. *Autoras en la historia del teatro español (1500-1994).* 2 vols. Teoría y Práctica del Teatro, 10. Madrid: Publicaciones de la Asociación de Directores de Escena de España, 1996. 559-572.

Ginarte González, Ventura. *La orden trinitaria. Compendio histórico de los Descalzos Trinitarios.* Córdoba: PP. Trinitarios, 1979.

Los trinitarios: 800 años. Roma: Curia Generalzia PP. Trinitari, 1998.

Molinos, Miguel de. *Guía espiritual.* Rome: Miguel Hércules, 1675.

Quilligan, Maureen. *The Language of Allegory: Defining the Genre.* Ithaca: Cornell UP, 1979.

Ramón Laca, Julio. *Lope de Vega, parientes, amigos y 'trastos viejos'.* Madrid: Deral, 1967.

Sabat de Rivers, Georgina y Electa Arenal. "Espiritualidad floral en un jardín conventual del Siglo XVII." *Vida silvestre.* No. 62, 2° semestre

(1987): 106-110.

Sabat-Rivers, Georgina. "Soledades de Sor Marcela." *La torre*. Revista de la Universidad de Puerto Rico. Año VII, No. 25 (1993): 17-35.

-----. "Literatura manuscrita del convento: Teatro y poesía de la hija de Lope en el Madrid del XVII." *Anuario de letras*. Volumen XXXIX, México (2001): 435-350.

Serrano y Sanz, Manuel. *Apuntes para una biblioteca de escritoras españolas*. Madrid: Rivadeneyra, 1903-05; ed. facs. Madrid: Atlas, 1975.

Smith, Susan M. "The Female Trinity of Sor Marcela de San Félix." *Engendering the Early Modern Stage: Women Playwrights of the Spanish Empire*. Ed. Valerie Hegstrom and Amy Williamsen. New Orleans: UP of the South, 1999. 239-256.

-----. "A Newly Discovered Drama: Is Sor Marcela de San Félix the Author?" *Bulletin of the Comediantes* 52:1 (2000): 147-170.

-----. *El convento de las Trinitarias Descalzas de Madrid y la vida de Sor Marcela*. Madrid: Espasa-Calpe (RAE), 2001.

Vidaurre Jofre, Julio. *El Madrid de Velásquez y Calderón, II. El Plano de Texeira Lugares, nombres y sociedad*. Madrid: Ediciones AKAL, 2000.

Printed in the United States
200026BV00006B/214-231/A